[シナリオつき]

保健指導《中学校・高校編》
おたすけパワーポイントブック

書きかえも自由自在

はじめに

　本書は保健指導に使用できるパワーポイントによる指導案集です。中学校、高校の保健指導でよく扱うと思われる題材について、全部で 18 項目を厳選しました。
　各項目は、パワーポイントによる指導案、パワーポイントと連動したシナリオ、学習後に振り返るワークシートがセットになっています。また、パワーポイント、シナリオ、ワークシートはすべて付属の CD-ROM にデータが入っています。データは、生徒の発達段階や学校の状況に合わせて、ご自由に書きかえてお使いいただけます。

パワーポイント指導案について
　パワーポイントは、変更や保存が容易にでき、アニメーションなどで効果をつけることもできるため、一斉指導には大変効果的です。作成したスライドは掲示物などにも利用できるというメリットもあります。
　パワーポイント初心者の場合は、そのままお使いいただいてもよいですし、パワーポイント経験者の場合は、データをご自由に追加、変更して、より生徒の実情に合った内容にしてお使いいただくことも可能です。

シナリオについて
　各パワーポイントの後ろのページには、パワーポイントに対応したシナリオを掲載しています。シナリオは口語体になっており、実際の指導にすぐにお使いいただけるように作成しました。
　CD-ROM のデータでは、パワーポイントの「ノート」の部分にシナリオデータがあります。パワーポイントを見ながらシナリオを変更したり、シナリオを見ながらパワーポイントを変更したりすることができます。また、CD-ROM 内には、シナリオのページの PDF ファイルもあります。

ワークシートについて
　保健指導を行っても、やりっぱなしで終わっては生徒がどの程度理解したか、また指導前に比べて生徒にどれだけの意識の変化があったかわかりません。次回の保健指導につなげるためにも、各項目には、指導後に活用できるワークシートをつけました。
　保健指導では、評価は必要ないと思いますが、ワークシートでは今後の指導に生かせるように、「関心・意欲・態度」「思考・判断」「知識・理解」の 3 つの観点を盛り込んでいます。
　本書が中学校、高校での保健指導の一助になりましたら幸いです。

パワーポイント指導案

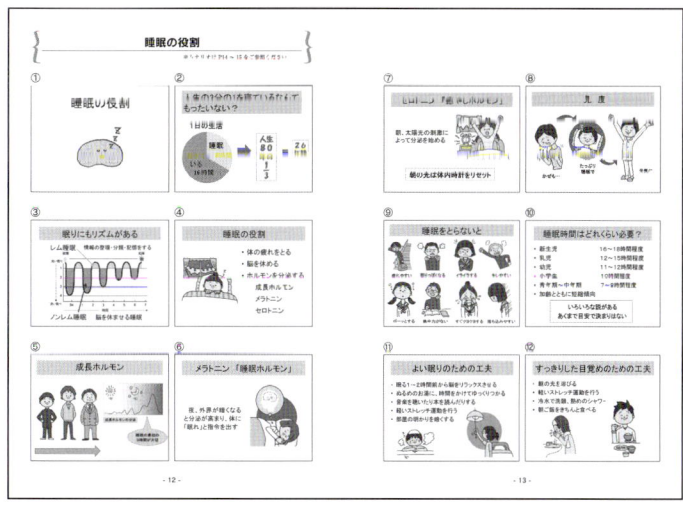

シナリオ

ワークシート

目次

はじめに ………………………………………………………………………………… 2
目次 ……………………………………………………………………………………… 4
CD-ROM の使い方 ……………………………………………………………………… 6
パワーポイントの使い方 Q&A ………………………………………………………… 8
CD-ROM の構成 ………………………………………………………………………… 10

1章　生活習慣 ………………………………………………………………………… 11

睡眠の役割　指導案 …………………………………………………………………… 12
シナリオ ………………………………………………………………………………… 14
ワークシート ……………………………… 16　　ワークシート（解説） ………… 17

食生活とダイエット　指導案 ………………………………………………………… 18
シナリオ ………………………………………………………………………………… 20
ワークシート ……………………………… 22　　ワークシート（解説） ………… 23

生活習慣病とは？　指導案 …………………………………………………………… 24
シナリオ ………………………………………………………………………………… 26
ワークシート ……………………………… 28　　ワークシート（解説） ………… 29

2章　薬物乱用防止 …………………………………………………………………… 31

タバコが体に及ぼす影響　指導案 …………………………………………………… 32
シナリオ ………………………………………………………………………………… 34
ワークシート ……………………………… 36　　ワークシート（解説） ………… 37

なぜダメ？　アルコール・薬物　指導案 …………………………………………… 38
シナリオ ………………………………………………………………………………… 40
ワークシート ……………………………… 42　　ワークシート（解説） ………… 43

コミュニケーションスキル　指導案 ………………………………………………… 44
シナリオ ………………………………………………………………………………… 46
ワークシート ……………………………… 48　　ワークシート（解説） ………… 49

3章　性教育 …………………………………………………………………………… 51

成熟する体　指導案 …………………………………………………………………… 52
シナリオ ………………………………………………………………………………… 54
ワークシート ……………………………… 56　　ワークシート（解説） ………… 57

生命の誕生　指導案 …………………………………………………………………… 58
シナリオ ………………………………………………………………………………… 60
ワークシート ……………………………… 62　　ワークシート（解説） ………… 63

性行動をどう考える？　指導案 ……………………………………………………… 64
シナリオ ………………………………………………………………………………… 66

ワークシート … 68	ワークシート（解説）… 69		

4章　感染症対策　　　　　　　　　　　　　　　　　71

感染症予防のために　指導案 … 72
シナリオ … 74
ワークシート … 76　　ワークシート（解説）… 77

さまざまな性感染症　指導案 … 78
シナリオ … 80
ワークシート … 82　　ワークシート（解説）… 83

エイズって何？　指導案 … 84
シナリオ … 86
ワークシート … 88　　ワークシート（解説）… 89

5章　応急手当　　　　　　　　　　　　　　　　　　91

応急手当の方法を知ろう　指導案 … 92
シナリオ … 94
ワークシート … 96　　ワークシート（解説）… 97

よくあるスポーツ障害　指導案 … 98
シナリオ … 100
ワークシート … 102　　ワークシート（解説）… 103

知って防ぐ熱中症　指導案 … 104
シナリオ … 106
ワークシート … 108　　ワークシート（解説）… 109

6章　心とストレス　　　　　　　　　　　　　　　　111

自分を知ろう　指導案 … 112
シナリオ … 114
ワークシート … 116　　ワークシート（解説）… 117

うつ病って何だろう？　指導案 … 118
シナリオ … 120
ワークシート … 122　　ワークシート（解説）… 123

ストレスとストレスマネジメント　指導案 … 124
シナリオ … 126
ワークシート … 128　　ワークシート（解説）… 129

付録　エゴグラム … 130　　「自分を知ろう」ワークシート … 131
おわりに … 132　　イベントカレンダー … 134
参考資料 … 135

CD-ROM の使い方

■**基本操作（Windows の場合）**

巻末の CD-ROM には、本書に掲載されたデータをすべて収録しています。

① CD-ROM ドライブに CD-ROM を入れます。

② CD-ROM の中には、以下のようなフォルダ、ファイルがあります。

③フォルダは章ごとに分類されていますので、利用したい章のフォルダを開き目的のパワーポイントのファイルをクリックしてください。

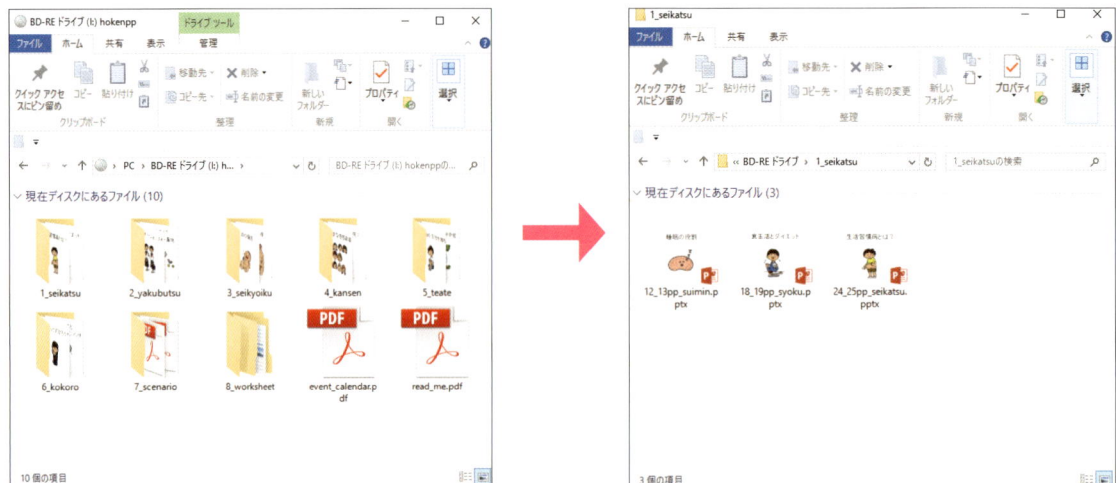

④パワーポイントのファイルは、以下のように表示されます。
　PC をプロジェクターなどに接続すると、スライドを投影させることができます（※ PC とプロジェクターの接続についてはお使いの機器の取扱説明書をご確認ください）。

以下は Microsoft PowerPoint 2013 を使用した入力例です。お使いのソフトのバージョンによって違いがありますので、それぞれのマニュアルでご確認ください。

■文字の入力（変更方法）
①文章変更したいスライドのテキスト部分、またはシナリオ部分を表示させます。
②欄にカーソルを合わせて、文字を変更します。

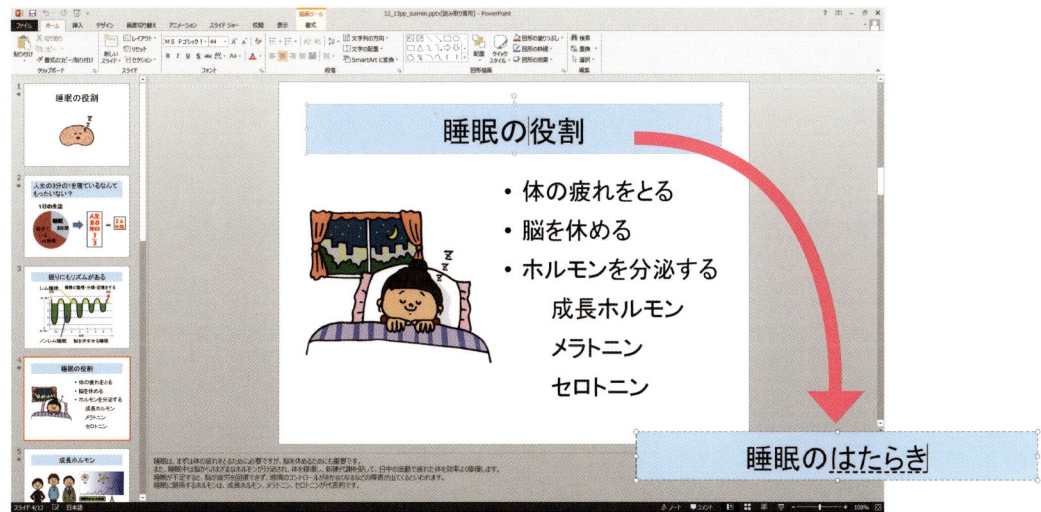

■イラストの変更方法
①変更したいイラストを右クリックします。
②メニューから「図の変更」を選択し、変更したいイラストの場所を参照します。

パワーポイントの使い方 Q&A

以下は Microsoft PowerPoint 2010 を使用した回答例です。お使いのソフトのバージョンによって違いがありますので、それぞれのマニュアルでご確認ください。

【イラスト】

Q：イラストの大きさを変更することはできますか？
A：変更したいイラストの上でクリックすると、イラストの大きさ、角度、位置が変更できます。

Q：イラストを消すことはできますか？
A：消したいイラストの上でクリックしてからメニューの「ホーム」→「切り取り」を選択します。

【アニメーション】

Q：アニメーションをつけるにはどうしたらいいですか？
A：メニューの「アニメーション」を選択すると、上部にサンプルのアニメーションが表示されるので、アニメーションで見せたい文字やイラストなどを選択して、つけたいアニメーションの種類を選択します。

Q：アニメーションはどうすれば表示されますか？
A：メニューの「アニメーション」→「プレビュー」で確認できます。

【印刷】

Q：スライドとシナリオ部分を同時印刷することはできますか？
A：メニューの「ファイル」→「印刷」→「設定」で印刷したいレイアウトを選択します。いろいろな印刷レイアウトがありますので、活用方法に応じて使い分けてみてください。

スライドとシナリオ同時印刷

6スライドずつの印刷

1スライドずつの印刷

【その他】

Q：子どもたちに見えないようにシナリオを確認しながら指導できますか？
A：プレゼンテーションに使用するコンピュータに、複数のモニターを使用する機能があれば可能です。プロジェクタとパソコンをつなぎ、メニューの「スライドショー」→「発表者ツールを使用する」にチェック→「スライドショーの開始」をクリックします。プロジェクターにはスライドが表示されますが、手元のパソコンには、画面の左にスライド、右にシナリオ、下に縮小されたスライド一覧が表示されます。シナリオの文字は、読みやすい大きさに拡大縮小することができます。

Q：スライドそのものに動きをつけることができませんか？
A：メニューの「画面切り替え」を使います。画面切り替えのタイミングは、クリック時のほかにタイミング設定で自由に切り替えることができます。

Q：文字にルビをつけることができますか？
A：直接つけることはできません。メニューの「挿入」からテキストの「横書きテキストボックス」を選択して、振り仮名を入力し、文字の位置に合わせて配置して、ルビのように見えるようにします。

そのほかご不明な点がありましたら、「ヘルプ」機能をご活用ください。
① PowerPoint 画面を開いて、キーボードの「F1」を押すと、ヘルプ画面が出てきます（下図参照）。
② 調べたいキーワードを入力すると、関連する項目が出てきますので、目的のものを選択します。

ヘルプ画面

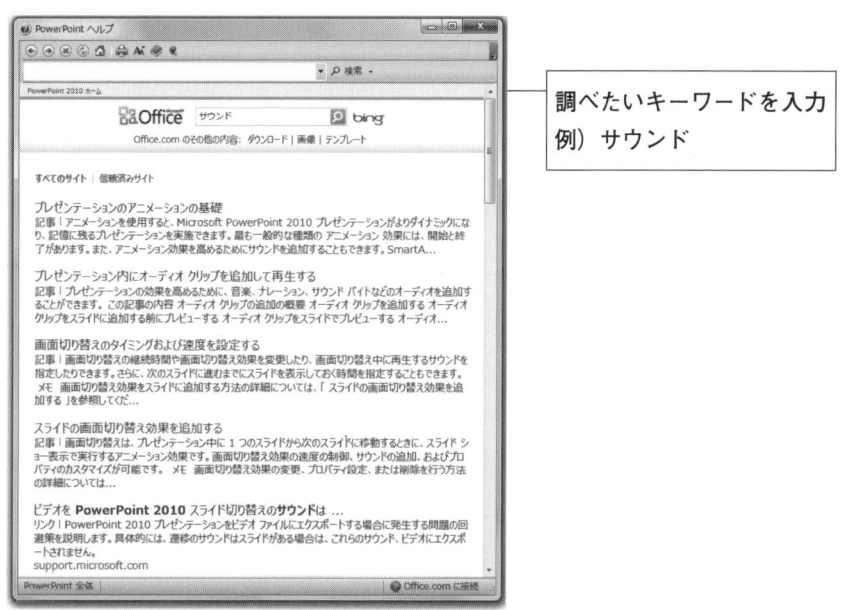

CD-ROM の構成

■ **ファイル、フォルダの構成**
    1_seikatsu
    2_yakubutsu
    3_seikyoiku
    4_kansen
    5_teate
    6_kokoro
    7_scenario
    8_worksheet
    event_calendar.pdf
    read_me.pdf

■ **ご使用にあたっての注意**

【動作環境】
・PowerPoint 2007 以降、PowerPoint for Mac 2011 以降
・CD-ROM ドライブ必須
・メモリ 512MB 以上を搭載したパソコンを推奨

【著作権に関しまして】
　本書に掲載されているすべての文書の著作権は著者に、イラストの著作権は株式会社少年写真新聞社に帰属します。なお複製使用の許諾については、株式会社少年写真新聞社にお問い合わせください。学校・園所内での使用、児童生徒・保護者向け配布物に使用するなどの教育利用が目的であれば、自由にお使いいただけます。それ以外が目的の使用、ならびにインターネット上で使用することはできません。

【ご使用上の注意】
・OS やアプリケーションのバージョン、使用フォント等によってレイアウトがくずれたり、うまく動作しないことがありますが、仕様ですのでご了承ください。ご使用の環境に合わせて修正してください。
・この CD-ROM を音楽用 CD プレーヤー等で使用すると、機器に故障が発生する恐れがあります。パソコン用の機器以外には入れないでください。
・CD-ROM 内のデータ、あるいはプログラムによって引き起こされた問題や損失に対しては、弊社はいかなる補償もいたしません。本製品の製造上での欠陥につきましてはお取りかえしますが、それ以外の要求には応じられません。
・図書館での CD-ROM の貸し出しは禁止させていただきます。

    Apple、Macintosh は米国やその他の国で登録された Apple Inc. の商標または登録商標です。
    Microsoft、Windows、PowerPoint は Microsoft Corporation の米国その他の国における登録商標または商標です。

1章

生活習慣

睡眠の役割

※シナリオはP14～15をご参照ください

①

睡眠の役割

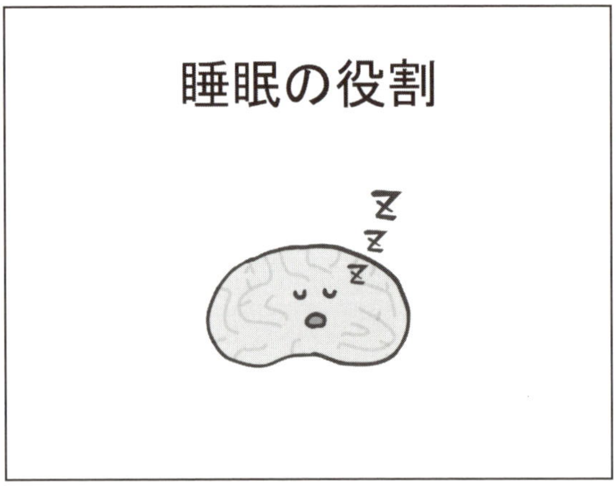

②

人生の3分の1を寝ているなんてもったいない？
1日の生活
睡眠
8時間
起きている
16時間
人生80年の1/3
=
26年間

③

眠りにもリズムがある
レム睡眠　情報の整理・分類・記憶をする
就寝
起床
浅い眠り
1
2
3
4
深い眠り
24 1 2 3 4 5 6 7
時間
ノンレム睡眠　脳を休ませる睡眠

④

睡眠の役割
・体の疲れをとる
・脳を休める
・ホルモンを分泌する
成長ホルモン
メラトニン
セロトニン

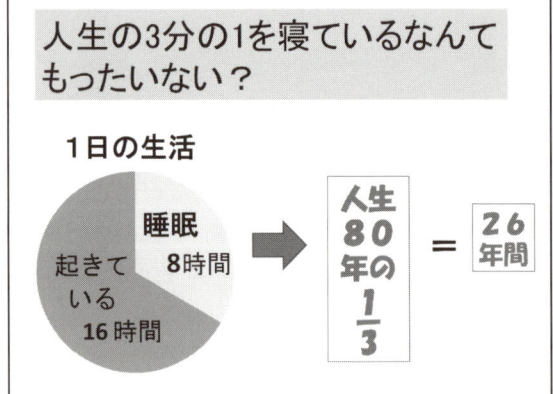

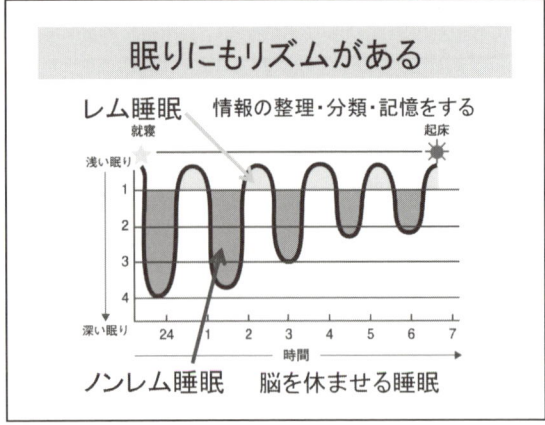

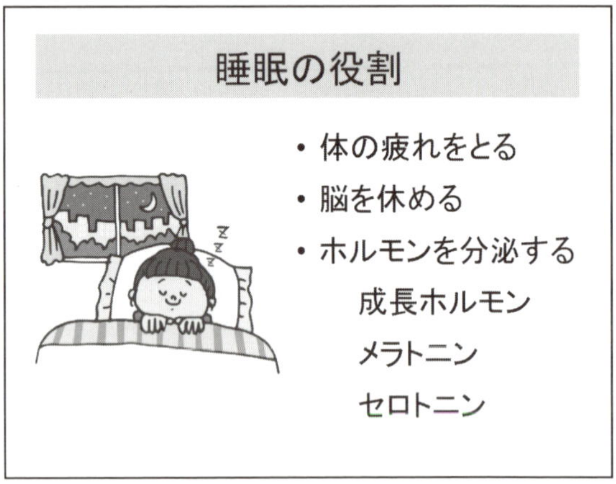

⑤

成長ホルモン
(朝)
(夜)
成長ホルモンの分泌
睡眠の最初の3時間が大切

⑥

メラトニン「睡眠ホルモン」
夜、外界が暗くなると分泌が高まり、体に「眠れ」と指令を出す

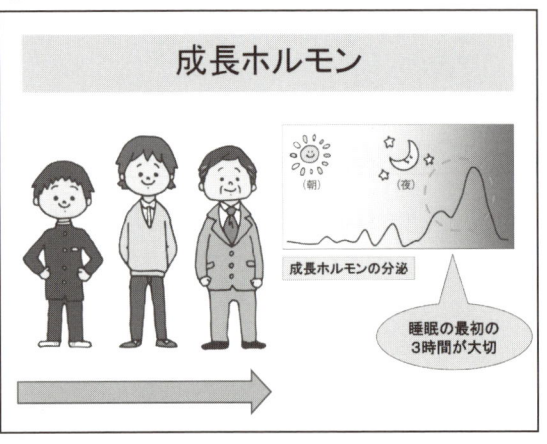

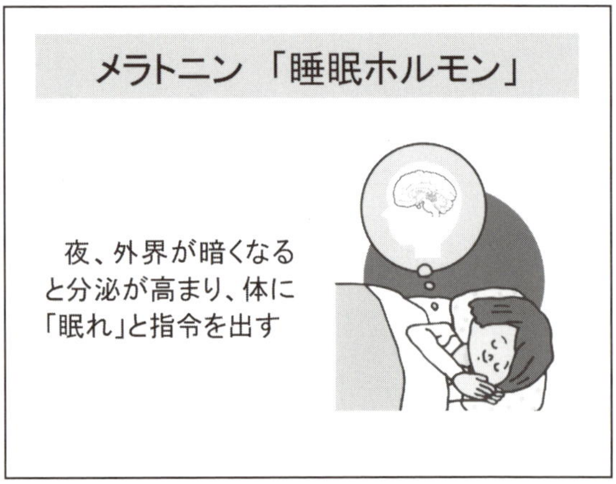

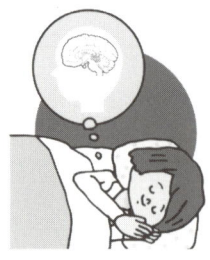

⑦

セロトニン「癒やしホルモン」

朝、太陽光の刺激によって分泌を始める

朝の光は体内時計をリセット

⑧

免 疫

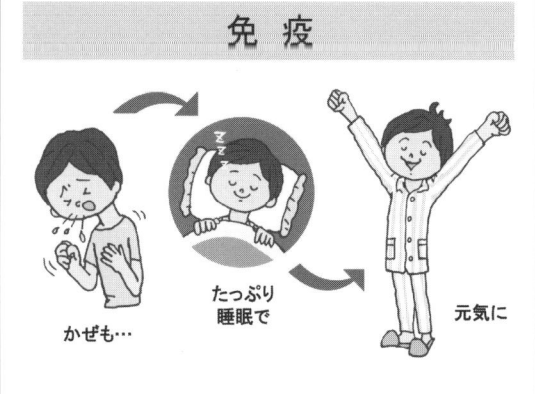

かぜも…　たっぷり睡眠で　元気に

⑨

睡眠をとらないと

疲れやすい　怒りっぽくなる　イライラする　キレやすい

ボーッとする　集中力がない　すぐクヨクヨする　落ち込みやすい

⑩

睡眠時間はどれくらい必要？

- 新生児　　　　　　16〜18時間程度
- 乳児　　　　　　　12〜15時間程度
- 幼児　　　　　　　11〜12時間程度
- 小学生　　　　　　10時間程度
- 青年期〜中年期　　7〜8時間程度
- 加齢とともに短縮傾向

**いろいろな説がある
あくまで目安で決まりはない**

⑪

よい眠りのための工夫

- 眠る1〜2時間前から脳をリラックスさせる
- ぬるめのお湯に、時間をかけてゆっくりつかる
- 音楽を聴いたり本を読んだりする
- 軽いストレッチ運動を行う
- 部屋の明かりを暗くする

⑫

すっきりした目覚めのための工夫

- 朝の光を浴びる
- 軽いストレッチ運動を行う
- 冷水で洗顔、熱めのシャワー
- 朝ご飯をきちんと食べる

睡眠の役割
～シナリオ～

① 皆さんは睡眠を大切にしていますか？　今日は睡眠の役割について学びましょう。

② 人間の睡眠を平均して1日約8時間とすると1日24時間の約3分の1、人生80年とした場合、その約3分の1、26年間を寝ていることになります。人生の3分の1を寝ているなんてもったいないと思いますか？
　　いいえ、人間にとって睡眠はそれだけ大切なことなのです。

③ 睡眠にはリズムがあります。同じ調子でずっと眠っているわけではありません。ひと晩に、体は眠っているけれど脳は覚醒状態の「レム睡眠」と、体も脳もともに深く眠っている「ノンレム睡眠」とを数回繰り返しています。
　　レム睡眠のレムとは Rapid Eye Movement（急速眼球運動）の略で、まぶたの下で目はキョロキョロ動いています。夢は、レム睡眠のときに見るといわれています。体は緩んで休息状態にありますが、脳は目覚めているときに近い状態にあります。記憶や感情を整理し、その固定・消去をしているといわれています。レム睡眠が足りないと技能の習得が悪く、語学の習熟などが遅れるともいわれています。
　　ノンレム睡眠時は、脳の活動は低下、脳温も下がって休息状態にありますが、成長ホルモンが分泌され、体の組織の増殖や損傷に対する修復を図っています。

④ 睡眠は、まずは体の疲れをとるために必要ですが、脳を休めるためにも重要です。
　　また、睡眠中は脳からさまざまなホルモンが分泌され、体を修復し、新陳代謝を促して、日中の活動で疲れた体を効率よく修復します。睡眠が不足すると、脳が疲労を回復できず、感情のコントロールがきかなくなるなどの障害が出てくるといわれます。睡眠に関係するホルモンは、成長ホルモン、メラトニン、セロトニンが代表的です。

⑤ 人間は寝ている間に成長ホルモンを分泌します。成長ホルモンには細胞を再生・修復する新陳代謝の作用があり、特に眠りに入ってからの最初の3時間程度の間に集中的に分泌されるといわれます。成長ホルモンは骨を伸ばす、筋肉を増やす、傷んだ組織を修復したり脳を休ませたりすることと、心身の疲れを回復させる働きがあります。昔から「寝る子は育つ」といわれていますが、睡眠中、成長期の皆さんの体内では成長ホルモンが活発に分泌されているのです。

⑥ メラトニンは、睡眠と覚醒（昼と夜）のサイクルをコントロールするホルモンです。
　　夜、外界が暗くなるとメラトニンの分泌が高まって体に「眠れ」と指令を出します。「天然の睡眠薬」ともいわれています。部屋の照明などをコントロールすることでホルモンの量が変化します。
　　就寝前の数時間は、部屋の照明を少し暗くし、テレビやパソコンも控えましょう。夜でも常に明るいところにいると、メラトニンの分泌量が全体的に減少してしまいます。

⑦　セロトニンは、寝ているときにはほとんど出ていません。しかし、朝、太陽光の刺激によって分泌を始めます。脳にある神経伝達物質で、「癒やしホルモン」ともいわれ、心を安定させます。セロトニンが不足すると感情のコントロールに障害が出てきます。
　朝の太陽光には、もう一つ重要な役目があります。
　体内時計は約25時間の周期ですが、朝の光は体内時計をリセットしてくれます。地球の自転のサイクルである24時間に合わせてそのズレを修正するのです。朝は、いつまでもカーテンを閉め切った部屋の中にいるのではなく、太陽光を浴びるようにしましょう（曇っていても雨降りでも太陽は十分な光量があるといわれます）。

⑧　眠っている間に脳内でつくられるメラトニンは、神経細胞から発生する活性酸素（老化やがんや生活習慣病などにつながる）を分解する抗酸化作用があり、老化防止や免疫力増強作用もあるといわれています。
　睡眠不足のときは体の免疫力が下がっていて、かぜなどをひきやすくなります。「かぜかな？」と思ったら、睡眠をたっぷりととれば、免疫力と自然治癒力が高まって、調子が回復しますし、睡眠をとらなければどんなに薬を飲んでも治らないものです。

⑨　睡眠をとらないと、疲れやすい、イライラする、集中力の低下、落ち込みやすいなどといった問題が起きてしまいます。

⑩　では、睡眠時間はどのくらいとったらよいのでしょう。基本的には、日中眠気がなく、普段の生活をするのに問題がなければ、睡眠時間にこだわる必要はないといわれています。いろいろな説がありますが、青年期であれば7～8時間は必要だといわれています。
　睡眠時間は遺伝的影響など個人差も大きいため、睡眠の時間ではなく、どれだけ熟睡できたかという睡眠の質の方が重要です。

⑪　よい眠りにつくためには、眠る1～2時間前から脳をリラックスさせることが大切です。勉強など頭を酷使する作業をやめて、音楽を聴いたり、読書をしたり、室内の照明を少し暗くさせたりして、ゆったりくつろいでみましょう。
　37～39度ぐらいのぬるめのお湯に、時間をかけてゆっくりつかると、心身ともにリラックスして自然な眠りに入れます。

⑫　朝は太陽の光を浴びる、軽いストレッチ運動を行う、冷水で洗顔するなど、体に刺激を与えると、交感神経の働きを活発にし、心身を目覚めさせやすくできます。
　早寝早起きを基本に、自分に合った睡眠時間を確保し、毎日健康に過ごしましょう。

「睡眠の役割」ワークシート

___年___組　名前_____

1　当てはまるものに○をつけましょう。
　①睡眠の重要性について考えることができましたか？
　[　　　できた　　　だいたいできた　　　できなかった　　　]
　②自分の生活を振り返って、よりよい睡眠をとるためにどのような工夫や改善をすればいいかを考えて、それらを３つ書いてみましょう。

2　☐の中に当てはまる言葉を書きましょう。
　①睡眠は☐☐☐☐☐をとるために必要で、もう一つ重要なことは☐☐を休めることです。
　②人間は寝ている間に☐☐☐☐☐☐☐☐を分泌して、骨や筋肉を成長させたり、細胞を修復しています。
　③朝起きて太陽の光を浴びることは☐☐☐☐☐☐をリセットするためにも大切なことです。
　④かぜ気味のときは、睡眠をたっぷりとることで☐☐☐☐と自然治癒力が高まって、調子が回復します。
　⑤よい眠りにつくためには、眠る前に☐☐☐をリラックスさせることが大切です。

3　感想や質問を書きましょう。

「睡眠の役割」ワークシート解説

___年___組　名前_____

1. 当てはまるものに○をつけましょう。

   ①睡眠の重要性について考えることができましたか？　　　　　　◀ 関心・意欲・態度

   [　　できた　　　だいたいできた　　　できなかった　　]

   ②自分の生活を振り返って、よりよい睡眠をとるためにどのような工夫や改善をすればいいかを考えて、それらを３つ書いてみましょう。　◀ 思考・判断

2. ☐ の中に当てはまる言葉を書きましょう。　　　　　　　　◀ 知識・理解

   ①睡眠は **体の疲れ** をとるために必要で、もう一つ重要なことは **脳** を休めることです。

   ②人間は寝ている間に **成長ホルモン** を分泌して、骨や筋肉を成長させたり、細胞を修復しています。

   ③朝起きて太陽の光を浴びることは **体内時計** をリセットするためにも大切なことです。

   ④かぜ気味のときは、睡眠をたっぷりとることで **免疫力** と自然治癒力が高まって、調子が回復します。

   ⑤よい眠りにつくためには、眠る前に **脳** をリラックスさせることが大切です。

指導する際のポイント

　学習指導要領には、中学も高校も保健分野で「生涯を通じて自らの健康を適切に管理し、改善していく資質や能力を育てる」ことがうたわれています。そこで、大切になってくるのは、いうまでもなく「食事」「運動」「睡眠」です。

　中学・高校生の間に、生涯を通じて自分の体を健康に保っていける知識と習慣を身につけていけるよう、睡眠の大切さについて理解させます。

食生活とダイエット

※シナリオはP20～21をご参照ください

①

食生活とダイエット

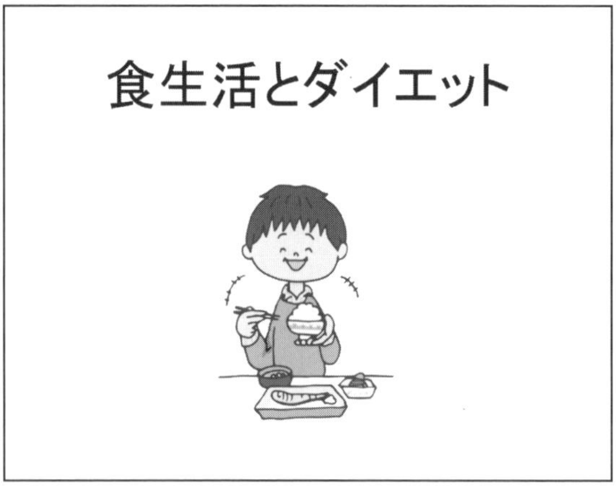

②

体の成長発達のどの段階？

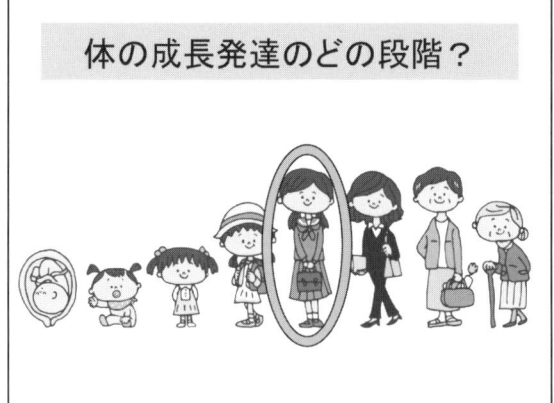

③

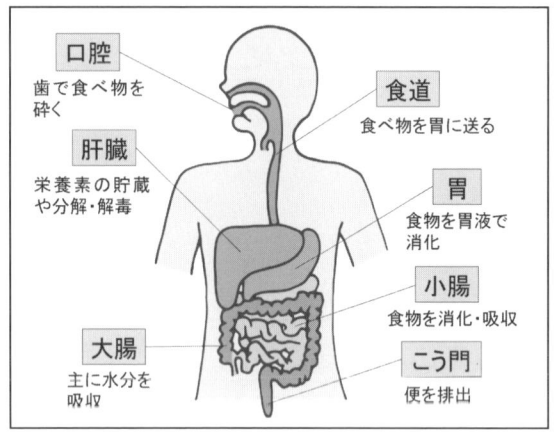

口腔
歯で食べ物を砕く
肝臓
栄養素の貯蔵や分解・解毒
大腸
主に水分を吸収
食道
食べ物を胃に送る
胃
食物を胃液で消化
小腸
食物を消化・吸収
こう門
便を排出

④

朝食の欠食率
(%)
40
35
30
25
20
15
10
5
0
男子 女子
14.4 11.1
9.0 5.3
5.9 5.4
8.7 13.3
34.1 28.8
31.5 18.1
23.5 16.0
15.0 11.2
6.3 7.6
3.7 3.8
総数
1～6歳
7～14歳
15～19歳
20～29歳
30～39歳
40～49歳
50～59歳
60～69歳
70～歳
厚生労働省「平成23年　国民健康・栄養調査」

⑤

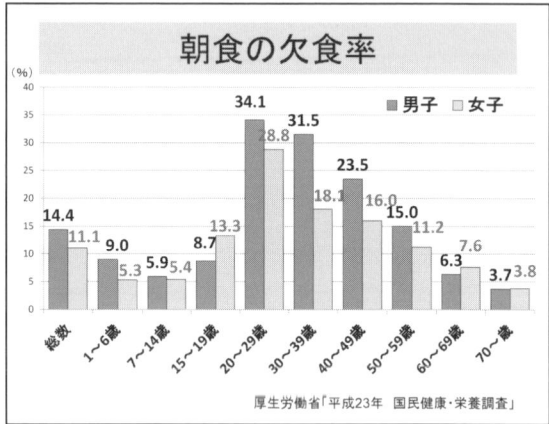

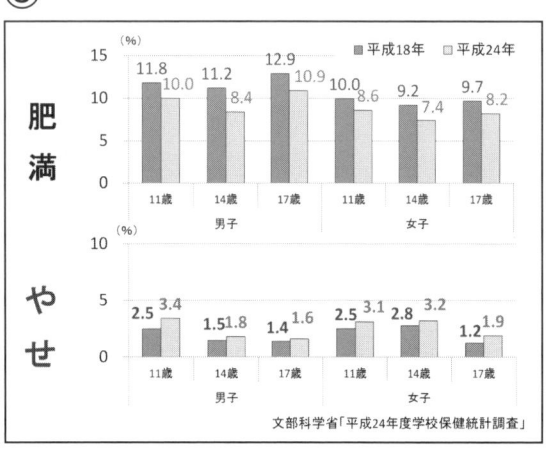

肥満
(%)
15
10
5
0
平成18年 平成24年
11.8 10.0
11.2 8.4
12.9 10.9
10.0 8.6
9.2 7.4
9.7 8.2
11歳 14歳 17歳 11歳 14歳 17歳
男子 女子
やせ
(%)
10
5
0
2.5 3.4
1.5 1.8
1.4 1.6
2.5 3.1
2.8 3.2
1.2 1.9
11歳 14歳 17歳 11歳 14歳 17歳
男子 女子
文部科学省「平成24年度学校保健統計調査」

⑥

自分の体型の認識
女性
BMI25以上で肥満と判定された者
20.6
「太っている」「少し太っている」と思っている者の割合
52.6
かんちがい
男性
BMI25以上で肥満と判定された者
28.6
「太っている」「少し太っている」と思っている者の割合
47.0
0 10 20 30 40 50 60 (%)
厚生労働省「平成20年　国民健康・栄養調査」

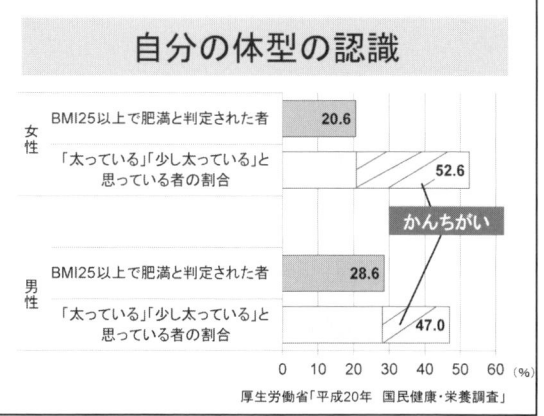

⑦

⑧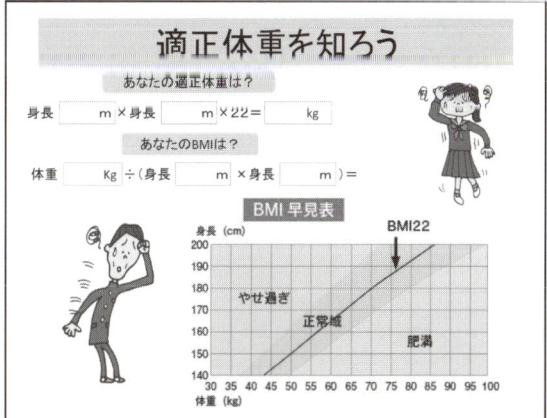

⑨

⑩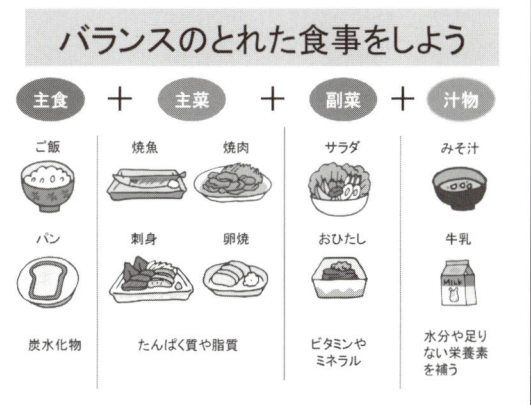

⑪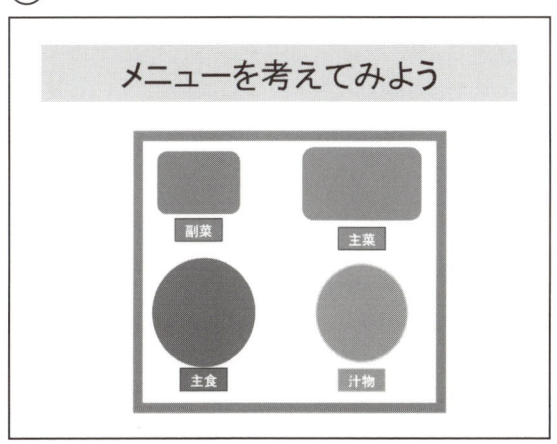

⑫

食生活とダイエット
～シナリオ～

① 私たちの体は約60兆個もの小さな細胞の集合体です。それぞれの細胞は役割の期間が終わると生まれ変わります。これを「新陳代謝」といいます。一日で7000億個の細胞が入れ替わっているといわれています。60兆個の全身の細胞が、およそ3か月で入れ替わっていることになります。この新陳代謝のもととなるのは食事です。食べたものがどのように体をつくっていくのかみてみましょう。

② 人生80年といわれていますが、今、皆さんは人生のどの時期にいるのでしょう。
　そう、ニキビができ体重が増え身長が伸び体つきの変化する、悩みの多い思春期という新陳代謝の盛んな時期にいますね。
　しかし、人には寿命があり、少しずつ新陳代謝はスローペースになっていきます。がんばってくれた細胞もやがて年とともに衰えて、次の細胞に役割をうまく伝えられなくなっていきます。これが老化です。

③ 栄養を体に送れなくなると、老化に限らず人間は死んでしまいます。おなかがすいたから食べ、満腹になり元気になる。余分なものは排泄される。何も考えずに日々やっていることが自分の体の健康を保っているのです。
　胃や腸などの消化器のことは皆さん知っていますね。消化器の働きが体をつくっている細胞とどうつながっているかを考えたことがありますか？　消化器で消化吸収された成分が体の細胞一つひとつを動かしているのです。
　このように体のすべての部分で細胞が休みなく活動しているから体を機能させることができるのです。すごい仕組みですね。

④ 細胞が元気で、体をつくり維持していくためには、栄養が大切なのですが、若い世代にも朝食をとらない人が増えています。

⑤ 皆さんが毎年受けている健康診断の結果は、毎年全国的に集計されています。
　その一部の肥満とやせについて、男女別に小学校6年生と中学校3年生、高校3年生の結果をグラフにしてみました。平成24年度と6年前の平成18年度を比較したものです。「肥満」はいずれも24年度の方が減っています。「やせ」を比較してみると、肥満とは逆に24年度の方がやせになっている割合が高くなっています。「肥満」が減ってきたのは、生活習慣病を予防するためにはよい傾向といえますが、「やせ」が増えてきたことは心配です。

⑥ 厚生労働省「平成20年　国民健康・栄養調査」の結果、「自分の体型をどう思っているか」の問いに対し、女性では52.6％、男性では47.0％の人が「太っている」「少し太っている」と思っていることがわかりました。
　では、実際の体型はどうでしょうか？

> 一般的な学校を想定して作っていますので、
> 各学校の状況に応じて変更してお使いください

　　肥満度を判定するBMIで比べてみると、実際の肥満者（BMI25以上）の割合は女性で20.6％、男性で28.6％となります。
　　グラフを見ると、女性では約6割の人が、男性では約4割の人が、実際よりも「自分は太っている」と思っているということになります。半分ぐらいの人が、自分のことを「太り過ぎ」と誤解しているのです。

⑦　皆さんの周りにも体重が増えるのを気にし過ぎて無理なダイエットを考えている人がいませんか？　人が食べたものは単に空腹を満たすだけではなく、全身の細胞に栄養を届けているのです。無理なダイエットによって新しい細胞をつくるために必要な栄養分が体に入ってこなかったら、大切な細胞がうまく働けなくなってしまいます。また、無理なダイエットや偏食で女性に鉄欠乏性貧血が増えています。

⑧　次に、自分の適正体重を調べてみましょう。計算式は身長×身長×22です。自分のBMIは体重÷（身長×身長）です。身長の単位はcmではなく、mです。肥満もやせ過ぎもどちらも、注意が必要です。BMIは18.5以上25未満が標準です。

⑨　食事について考えてみましょう。「6つの基礎食品群」は日常食べているあらゆる食品を各栄養素の役割を考え、大きく6つのグループに分けて示したものです。
　　第1群：主にたんぱく質の供給源となる食品。骨や筋肉などをつくります。
　　第2群：主にカルシウムの供給源となる食品。骨や歯をつくります。
　　第3群：主にカロテンの供給源となる食品。皮膚や粘膜を保護します。
　　第4群：主にビタミンCの供給源となる食品。体の各機能を調節する作用をします。
　　第5群：主に炭水化物の供給源となる食品。体に必要なエネルギーをつくり出します。
　　第6群：主に脂肪の供給源となる食品。体に必要なエネルギーをつくり出します。

⑩　各栄養素は常にバランスよくとるようにしましょう。主食、主菜、副菜、汁物をまず考えて、6つの食品群の中からまんべんなく食材を選び出して献立を考えれば、自然と栄養素のバランスがとれるようになっています。　主食は主に炭水化物、主菜はたんぱく質や脂質、副菜はビタミンやミネラル、汁物は水分や足りない栄養素を補う役割があります。

⑪　あなたの朝食メニューをつくってみましょう。主食、主菜、副菜、汁物を組み合わせて考えるとバランスがよくなります。

⑫　和食や洋食など、自分らしい献立を工夫して考えてみましょう。思春期は体が成長する時期です。バランスのよい食事をして、健康な体をつくっていきましょう。

「食生活とダイエット」ワークシート

　　　年　　組　名前＿＿＿＿＿＿＿＿＿＿＿＿＿

1　当てはまるものに○をつけましょう。
　①食生活の重要性について考えることができましたか？
　[　　　できた　　　だいたいできた　　　できなかった　　]
　②健康な体で活動できるようにするためには、どのようなメニューがいいか、夕食の献立を考えてみましょう。

　　主食　[　　　　　　　　　　　　　　　]
　　主菜　[　　　　　　　　　　　　　　　]
　　副菜　[　　　　　　　　　　　　　　　]
　　汁物　[　　　　　　　　　　　　　　　]

2　　　　　　　の中に当てはまる言葉を書きましょう。
　①人間の体の細胞は、およそ３か月で新しく入れ替わっています。これを　　　　　　　といいます。
　②人間は、食べ物から　　　　　　　を吸収することで、体をつくり、機能させることができます。
　③無理な　　　　　　　をすると、ただ体重が減るだけではなく体の細胞がうまく働かなくなります。
　④無理なダイエットや偏食により、女性に　　　　　　　　　　　が増えています。
　⑤毎日の食事は　　　　　の食品群からバランスよく食材を選ぶことが大切です。

3　感想や質問を書きましょう。

「食生活とダイエット」ワークシート解説

___年___組　名前_____

1　当てはまるものに○をつけましょう。
　①食生活の重要性について考えることができましたか？　　**← 関心・意欲・態度**
　　[　　できた　　　だいたいできた　　　できなかった　　]
　②健康な体で活動できるようにするためには、どのようなメニューがいいか、
　　夕食の献立を考えてみましょう。　　**← 思考・判断**
　　主食[　　　　　　　　　　　　　　]
　　主菜[　　　　　　　　　　　　　　]
　　副菜[　　　　　　　　　　　　　　]
　　汁物[　　　　　　　　　　　　　　]

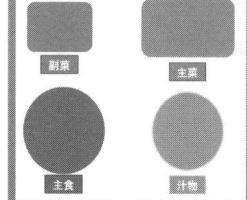

2　☐☐☐☐の中に当てはまる言葉を書きましょう。　　**← 知識・理解**
　①人間の体の細胞は、およそ3か月で新しく入れ替わっています。
　　これを | **新陳代謝** | といいます。
　②人間は、食べ物から | **栄養** | を吸収することで、体をつくり、機能させることができます。
　③無理な | **ダイエット** | をすると、ただ体重が減るだけではなく体の細胞がうまく働かなくなります。
　④無理なダイエットや偏食により、女性に | **鉄欠乏性貧血** | が増えています。
　⑤毎日の食事は | **6つ** | の食品群からバランスよく食材を選ぶことが大切です。

指導する際のポイント

　ここでは「食事」の大切さを学びます。食事は単に空腹を満たすためだけのものではなく、全身の細胞約60兆個一つひとつが十分に働くためのエネルギー源になるものであることを認識させます。余裕があれば、一見、やせ型でも高脂血症である場合も最近は多いことなども解説し、生涯、健康に生きるためには、成長期に無茶なダイエットをせず、バランスのとれた食事をとり、健康の土台を作ることの大切さを伝えます。

生活習慣病とは？

※シナリオはP26～27をご参照ください

①

生活習慣病とは？

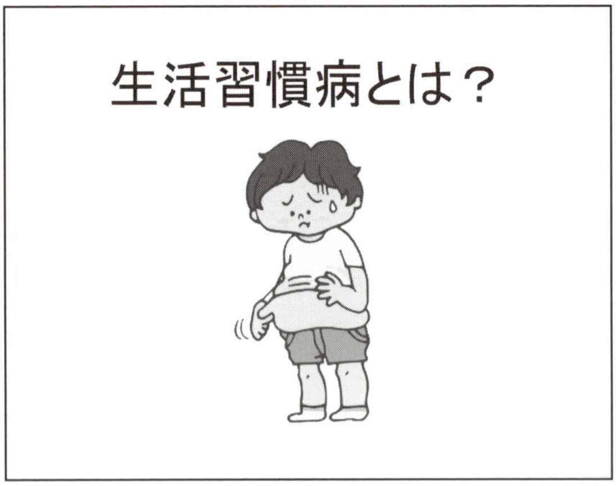

② 生活習慣病って何だろう？

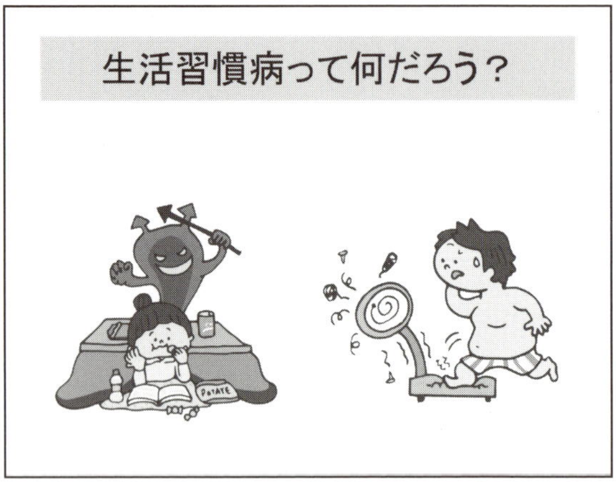

③ 主な死因別死亡数の割合（平成23年）
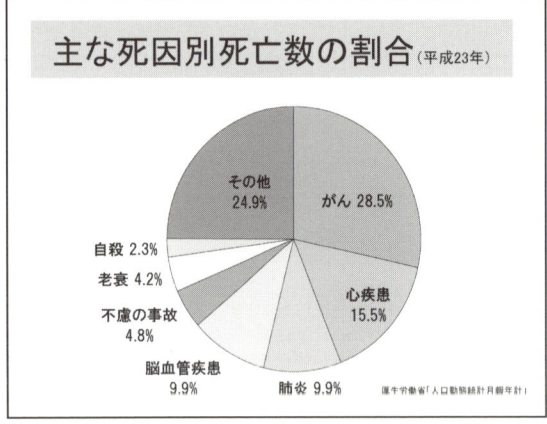

- その他 24.9%
- がん 28.5%
- 自殺 2.3%
- 老衰 4.2%
- 不慮の事故 4.8%
- 脳血管疾患 9.9%
- 肺炎 9.9%
- 心疾患 15.5%

厚生労働省「人口動態統計月報年計」

④ 便利になった私たちの生活

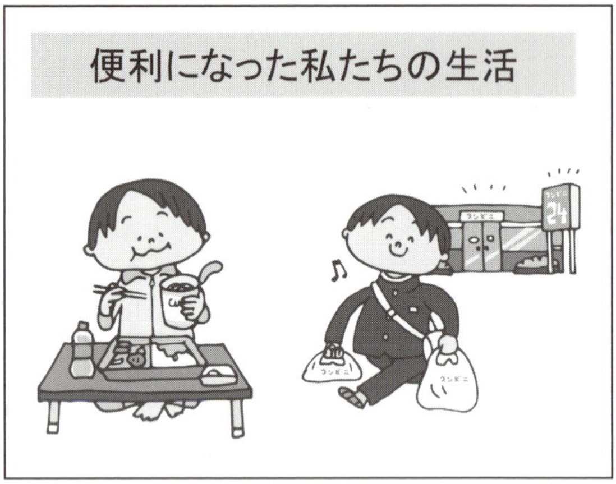

⑤

ストレス　老化　過労　喫煙　遺伝　飲酒　体質
肥満　運動不足　食習慣
不規則な生活

⑥
高血糖	血糖値が高い状態
高血圧	動脈を流れる血液の圧力が高い状態
脂質異常症	血液中の脂質が多すぎる状態

メタボリックシンドローム

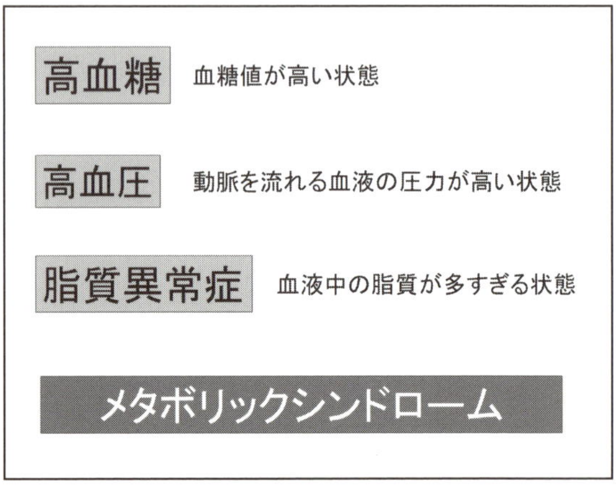

⑦
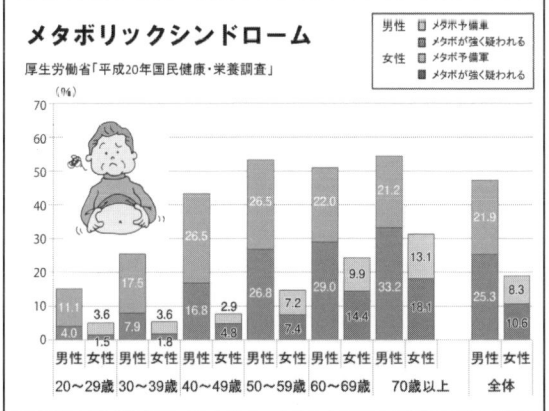

⑧
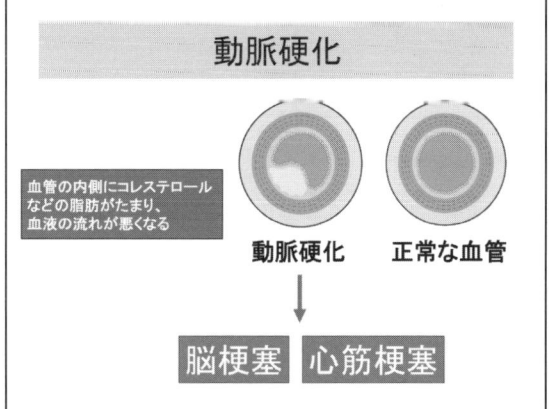

⑨

⑩

食習慣をチェックしてみよう

1 食事は規則正しくとっていますか。
2 食事はとりすぎないようにしていますか。
3 間食はとりすぎないようにしていますか。
4 夕食は就寝1時間30分前までに食べ終わっていますか。
5 あまいものを食べすぎないようにしていますか。
6 油っこいものはひかえめにしていますか。
7 塩分をひかえめにしていますか。
8 肉や魚はかたよりなく食べていますか。
9 大豆製品（豆腐、煮豆等）を食べていますか。
10 緑黄色野菜を食べていますか。
11 果物を食べていますか。
12 家族そろって食事をしていますか。

文部科学省食生活学習教材「食生活を考えよう」より

⑪

⑫

生活習慣病とは？
～シナリオ～

① 今日は生活習慣病について学習します。生活習慣病は以前は「成人病」と呼ばれ「大人の病気」と考えられていましたが、最近は成長期のみなさんにも見られるようになってきました。

② 生活習慣病って何でしょう？ 最初にグループで5分間「生活習慣病には何があるか」について思いついたことを話し合ってみましょう。ヒントは誤った生活習慣によって起こる病気です（5分間話し合わせる）。

③ 日本人の死亡原因のトップを占めるがん、心疾患、脳血管疾患は生活習慣病といわれています。これらは長年の不健康な生活習慣が積み重なって引き起こされる病気です。
　2011年（平成23年）のがん、心疾患、脳血管疾患の死亡割合の合計は53.9％で、なんと日本人の死亡者の半数以上がこれらの生活習慣病が原因で亡くなっています。

④ 豊かで便利な世の中で、自分を甘やかしてしまうと、人間本来の活動が少しずつゆがんできます。誰でも、便利なもの、楽なもの、おいしいものについ吸い寄せられます。

⑤ しかしあまりにそれらに浸り過ぎると、その裏には大きな落とし穴があります。
　例えば肥満は、食事などでとるエネルギーより、消費するエネルギーの方が少ないために、体に脂肪分が多くたまってしまった状態です。ほかにも、運動不足やバランスの悪い食習慣も生活習慣病を引き起こすことにつながります。

⑥ 今、言ったような生活習慣によって引き起こされるのは、「高血糖」「高血圧」「脂質異常症」などの症状です。高血糖は、血糖値が高い状態です。高血圧は、動脈を流れる血液の圧力が高い状態です。脂質異常症は主に、血液中の脂質が多すぎることをいいます。
　これらは一つでも生活習慣病の原因になるものですが、これらが合併すると脳卒中や心臓病の原因となる動脈硬化の発生率が高まることが明らかとなっています。そのため、近年は内臓脂肪型肥満とこれらの症状が重複して起こった状態をメタボリックシンドロームと称し、国でも総合的な生活習慣病の予防対策が進められています。

⑦ メタボリックシンドロームは、内臓脂肪型の肥満とともに、高血糖・高血圧・脂質異常症のうち2つ以上を合併した状態のことです。
　最近は日本でも食の欧米化が進んでおり、厚生労働省によると、約2000万人がメタボリックシンドロームかその予備軍に該当すると考えられています。特に男性の中高年世代では、メタボかその予備軍が2人に1人という高い割合になっています。メタボの予防は皆さんの世代から始める必要があります。

> 一般的な学校を想定して作っていますので、
> 各学校の状況に応じて変更してお使いください

⑧　動脈硬化は、動脈の血管の内側にコレステロールなどの脂肪がたまって、血管が硬くもろくなった状態です。血液の流れが悪くなって十分な酸素や栄養を運べなくなります。その結果脳や心臓の血管が詰まったり破れたりして起こるのが、脳梗塞、狭心症、心筋梗塞という病気です。

⑨　さらにこれらがいくつか重なって慢性的に病気が進行するのが、糖尿病（Ⅱ型）です。私たちは毎日食事をし、食べたものを体内でブドウ糖に変え、脳や筋肉が働くためのエネルギーにして生きています。この食べたものをエネルギーにする過程で、インスリンというホルモンが必要になるのですが、このインスリンの分泌が不足したり働きが悪くなったりしてしまい、血液中の糖の量をコントロールできなくなって血糖値が高くなる病気が糖尿病です。喉が渇く、異常に食欲がある、疲れやすい、食べてもやせる、トイレが近くなるなどの症状があります。

⑩　あなたの食生活はどうでしょう？　健康な食生活が送れているかどうかをチェックしてみましょう。中学生（高校生）は体が成長する時期です。生活習慣病は大人の病気、年寄りの病気と無関心でいてはダメです。正しい生活習慣、睡眠・食事・運動の継続が大切なのです。「毎日毎回の食事が自分の体をつくり、将来の健康生活を築いていく」ということを自覚して、今から体によい生活を心がけていくことが重要です。

⑪　お母さんが赤ちゃんにお乳を飲ませるように、大切な自分の体に毎日バランスのよい食事を贈ってあげてください。ポイントは、
・食事に主食、主菜、副菜、汁物をそろえて食べること。
・朝食をしっかりとり、夕食はエネルギーのとり過ぎに気をつけること。
・間食は、とる時間を考えるとともに、とり過ぎない。特に夜食は注意すること。
・無駄食いや何かをしながらだらだらと食べることはしないようにし、よくかんで、ゆっくり食べることなどです。

⑫　ケーキ1切れ分のカロリーを運動で消費しようと思ったら、40〜50分間は走らなければなりません。余計に食べた分は消費しましょう。ポイントはまず、歩くこと。休みの日も1日最低1万歩以上歩くようにしましょう（運動部での活動も含む）。また、とにかく暇をみて体を動かし、だらだらしないように心がけることも大切です。
　病気はさまざまな要素が原因となり引き起こされます。よい生活習慣に徹したからといって、老化や遺伝・体質などによるものまで防げるものではありません。しかし、環境や不規則な生活は、自分で改善して、その後の人生を変えていくことができるものです。成長期の皆さんはよい生活習慣を身につけて、生涯、健康に過ごせる土台をつくっていきましょう。

「生活習慣病とは？」ワークシート

＿＿年＿＿組　名前＿＿＿＿＿＿＿＿＿＿＿＿＿＿

1　当てはまるものに○をつけましょう。
　①生活習慣の重要性について考えることができましたか？
　［　　　できた　　　だいたいできた　　　できなかった　　　］
　②生活習慣病にならないためには、どんな工夫ができるかを考えて、3つ書き出してみましょう。

2　☐の中に当てはまる言葉を書きましょう。
　①摂取したエネルギーより、消費するエネルギーが少ないために体に☐☐が多くたまった状態を☐☐といいます。
　②①のような生活習慣によって引き起こる、☐☐　☐☐　☐☐などの症状が、1つでもあると生活習慣病の原因となります。
　③内臓脂肪型の肥満と、②の症状のうち2つ以上を合併した状態を☐☐と呼び、国での予防対策が進められています。
　④動脈の血管の内側にコレステロールなどの脂肪がたまって、血管が硬くもろくなった状態を☐☐といいます。
　⑤☐☐は体内で糖分をエネルギーにするための、ホルモンの分泌が不足したり働きが悪くなったりすることで、血糖値が高くなる病気です。

3　感想や質問を書きましょう。

「生活習慣病とは？」ワークシート解説

___ 年 ___ 組　名前 _____

1　当てはまるものに○をつけましょう。

①生活習慣の重要性について考えることができましたか？　　← 関心・意欲・態度

　[　　できた　　　だいたいできた　　　できなかった　]

②生活習慣病にならないためには、どんな工夫ができるかを考えて、3つ書き出してみましょう。　　← 思考・判断

2　□□□ の中に当てはまる言葉を書きましょう。　　← 知識・理解

①摂取したエネルギーより、消費するエネルギーが少ないために体に【脂肪】が多くたまった状態を【肥満】といいます。

②①のような生活習慣によって引き起こる、【高血糖】【高血圧】【脂質異常症】などの症状が、1つでもあると生活習慣病の原因となります。

③内臓脂肪型の肥満と、②の症状のうち2つ以上を合併した状態を【メタボリックシンドローム】と呼び、国での予防対策が進められています。

④動脈の血管の内側にコレステロールなどの脂肪がたまって、血管が硬くもろくなった状態を【動脈硬化】といいます。

⑤【糖尿病】は体内で糖分をエネルギーにするための、ホルモンの分泌が不足したり働きが悪くなったりすることで、血糖値が高くなる病気です。

指導する際のポイント

　日本人の死因の半分以上を占めるといわれる「生活習慣病」は、大人になってからの問題ではありません。成長期の今、バランスのよい生活習慣を確立することが、生涯にわたって生活習慣病を予防する土台となることを認識させます。

　便利な現代社会において、健康な体を保つには、ただ食習慣に気を配るだけでなく、適度に運動をすることを習慣づける大切さも訴えます。

MEMO

2章

薬物乱用防止

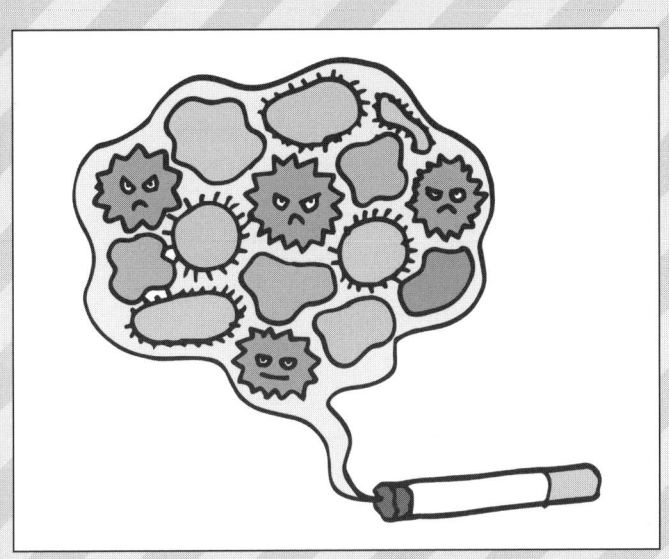

タバコが体に及ぼす影響

※シナリオはP34～35をご参照ください

①

タバコが体に及ぼす影響

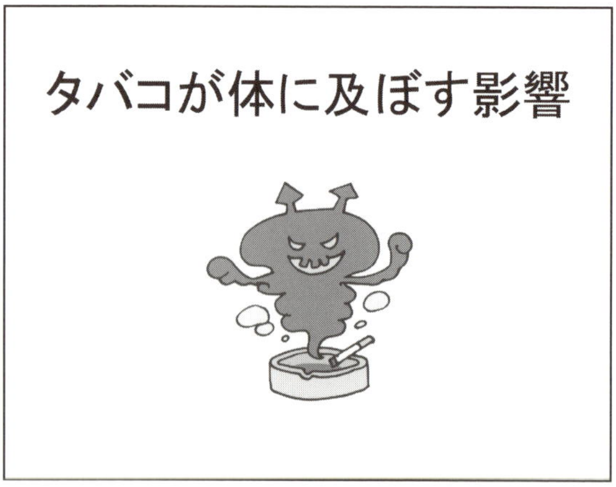

②

成人喫煙率の推移
(%)
90
80
70
60
50
40
30
20
10
0
■男 ■女
82.3
15.7
48.3
13.6
46.9
13.2
45.8
13.8
41.3
12.4
40.2
12.7
39.5
12.9
38.9
11.9
36.6
12.1
33.7
10.6
32.7
10.4
昭和40年
平成15年
平成16年
平成17年
平成18年
平成19年
平成20年
平成21年
平成22年
平成23年
平成24年
JT「全国喫煙者率調査」

③

タバコを吸いたいと思ったことがある
100 (%)
80
60
40
20
0
■平成12年
■平成18年
15.2
8.1
27.7
13.1
43.5
25.7
9.8
5.7
19.0
9.8
26.5
15.6
小6男子
中3男子
高3男子
小6女子
中3女子
高3女子
文部科学省「薬物等に対する意識等調査報告書」(平成19年)

④

なぜタバコを吸い始めたか？
・かっこいいから
・なんとなく好奇心で
・友達が吸っていたから
その先には何があるのでしょうか？

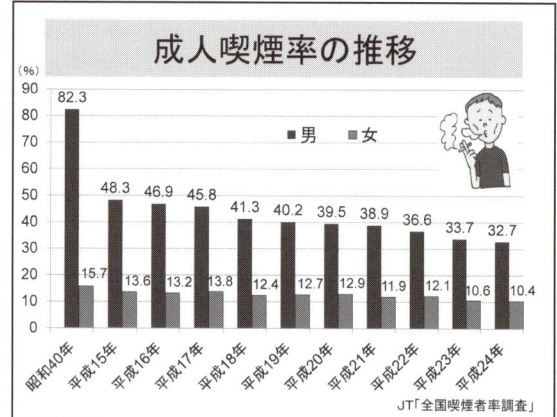

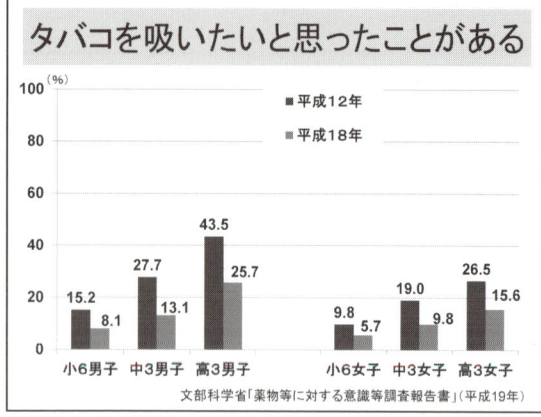

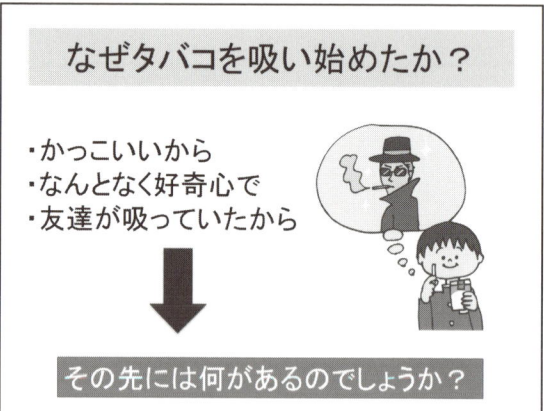

⑤

タバコは発がん性物質のかたまり
約4000種類の化学物質
50種類以上の発がん性物質
動脈硬化
高血圧
糖尿病

⑥

さまざまな影響がある
胎児への影響
起床時のせき
喉の痛み
息切れ

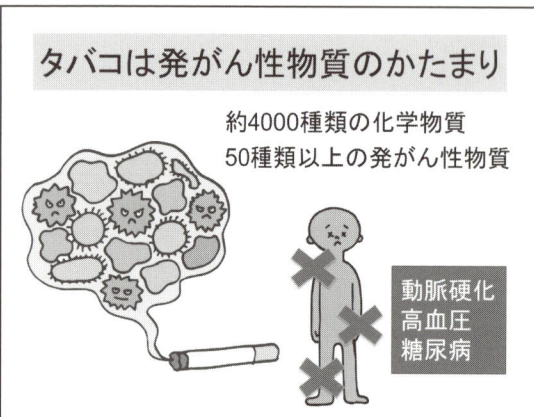

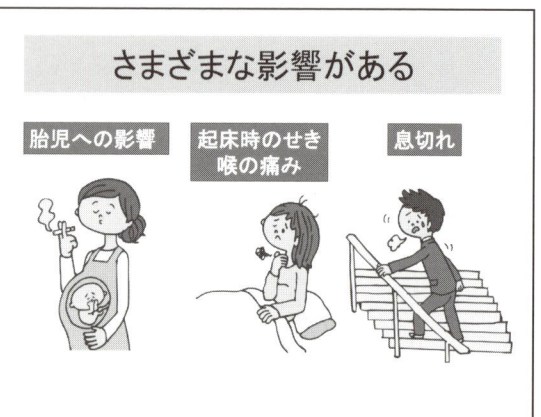

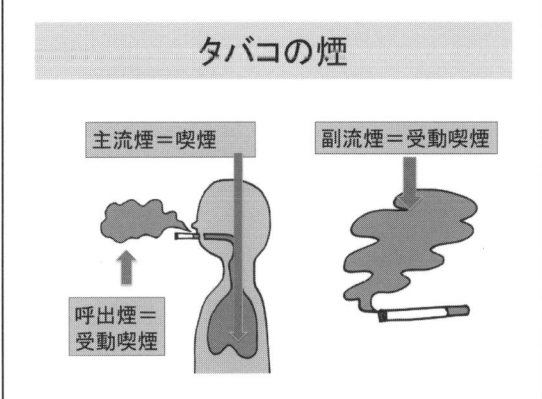
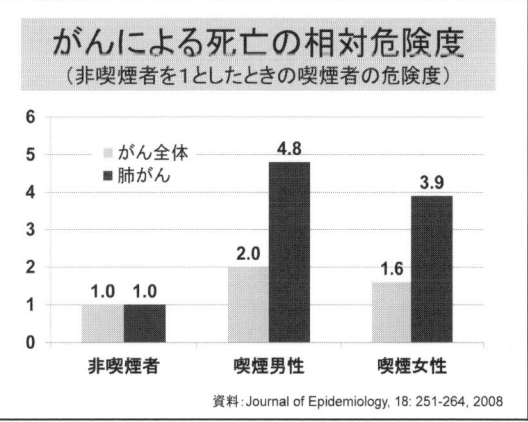
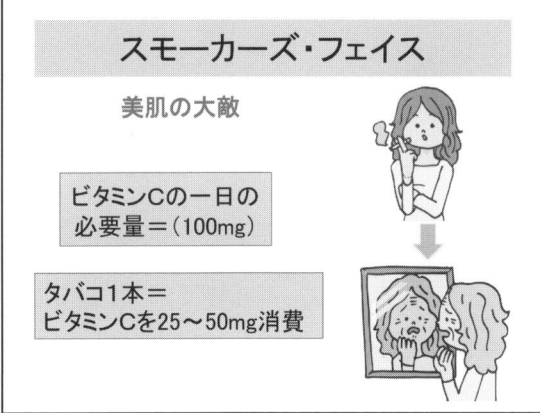
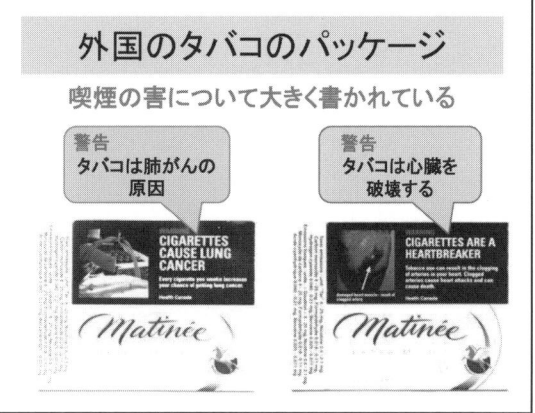

タバコが体に及ぼす影響
～シナリオ～

① 今日はタバコの害について学習します。タバコは発がん性物質を大量に含み、喫煙で肺がんや喉頭がんなど各種のがんのリスクが増大することが知られています。

② 日本の成人の喫煙者率は、平成24年には男性32.7％、女性10.4％で、全体的には減少傾向にあります。特に成人男性の喫煙率は、昭和40年代には80％を超えていたことから考えると半分以下に減っています。しかし、依然として男性の3割以上、女性の1割以上が喫煙しています。

③ さまざまな取り組みのおかげで、タバコの害に対する認識が高まったためか、小・中・高校生の「タバコを吸いたいと思ったことがある」人の割合は、全体としては下がっていますが、学年が上がるにつれて高くなる傾向があります。

④ 「タバコは体に悪い」ということは、誰もが知っています。
　それなのになぜ吸い始めるのでしょうか？　だいたい「かっこいいから」「好奇心で」「友達が吸っていたから」という理由のようです。何かの信念があって吸い始めることは無さそうですが、その先には何が待っているのかを見ていきましょう。

⑤ タバコには、何か体にいいものが入っているのでしょうか？　答えはもちろん「いいえ」です。タバコの煙には、約4000種類の化学物質が含まれているといわれます。そのうち、発がん性物質は50種類以上にも及びます。
　おまけに、喫煙によって、「動脈硬化」や「高血圧」「糖尿病」など、さまざまな病気のリスクも上がることが知られています。お金を使って周りの人から嫌がられ、その上、健康を壊すのでは何の得も無いですね。

⑥ そのほか、妊婦が喫煙することでおなかの赤ちゃんにも低体重などの影響があります。咳や喉の痛み、息切れなどの症状も出てきます。

⑦ ここでタバコの煙の害についても学んでおきましょう。喫煙時に喫煙者が吸い込む煙は主流煙といいます。タバコの先から立ち昇る煙は、副流煙といいます。タバコを吸う人の近くにいる人が、副流煙や、喫煙者が吐き出す煙（呼出煙）を吸い込むことを受動喫煙といいます。副流煙は主流煙よりも多量の有害物質を含むことが知られています。吸っている本人よりも、周りにいる人の方が害が大きい、というわけですね。
　タバコにはさまざまな物質が含まれています。人間の体に影響を及ぼす主な物質は、ニコチンとタールと一酸化炭素です。タールは粘り気のある黒褐色の油状液体です。
　喫煙によりタバコの葉に含まれている有機物質が熱分解され、約4000ともいわれる化学物質の結合体であるタールとなります。主流煙の中のタールは、フィルターによって軽減されますが、副流煙中のタールは濃いままなので、受動喫煙による影響が大きく

なります。
　一酸化炭素は、血液中のヘモグロビンと結びつき、酸素運搬能力を著しく低下させます。喫煙者が運動をするとすぐに息が上がるのは、このせいです。

⑧　喫煙者は、非喫煙者に比べて肺がんによる死亡率が男性で約4.8倍、女性で3.9倍高くなっているほか、それ以外の多くのがんについても、喫煙によってリスクが増大することが報告されています。

⑨　タバコを吸う人に特有の顔つきを「スモーカーズ・フェイス」といいます。年齢に比較して、しわが多く、しみ、吹き出物などが多くなります。1本のタバコを吸うと、ビタミンCの一日の必要量（100mg）の約半分（25～50mg）程度が使われてしまいます。

⑩　カナダ、オーストラリア、ブラジル、タイなどの国ではタバコのパッケージに視覚的に理解できる図柄や写真を使って警告文を載せています。日本は簡単な警告文のみが小さく表示されているだけです。世界各国のタバコパッケージの警告文を調べてみましょう。

⑪　皆さんの知っていることも多かったかもしれませんが、タバコが体に悪いことは明らかです。問題は、「悪いとわかっているのに、なぜやめられないのか？」ということです。それは、「ニコチン依存症」になっているからです。タバコを反復使用すると、ニコチンにより精神依存や身体依存が生じます。タバコをやめられないのは、その人の意志の弱さではなく、ニコチンの持つ強い依存性が原因です。ニコチン依存症は、治療が必要な病気とされています。喫煙者の70％はニコチン依存症です。
　ニコチンは麻薬にも劣らないほどの依存性を持つ薬物だといわれています。以前は、医療機関を使って禁煙に取り組む場合は、費用は全て自費負担でしたが、現在は一定の条件のもとで、保険適用で禁煙外来を受診することができます。
　さまざまな意見はありますが、これはニコチン依存は医療機関の手を借りてでないと、治療することは難しいということの証明でもあります。

⑫　生涯を通じて健康に過ごしていくためには、たくさんの情報を正しく知っておくことが大切です。ダメといわれたことで結果がすぐに出るものについては、注意事項を守ることは簡単ですが、少しずつの積み重ねでずっと後から結果が出るものは難しいですね。取り返しがつかなくなる前に、将来の健康を見通した行動が選択できるようにしたいものです。

「タバコが体に及ぼす影響」ワークシート

___年___組　名前_____

1　当てはまるものに○をつけましょう。

①タバコが体に及ぼす害について考えることができましたか？

［　　　できた　　　だいたいできた　　　できなかった　　］

②なぜ、体への害をわかっていてもタバコを吸い始めたり、やめられない人がいるのか考えてみましょう。

［　　　　　　　　　　　　　　　　　　　　　　　　　　　　　　　　　　］

2　☐　の中に当てはまる言葉を書きましょう。

①タバコの煙には約☐種類の化学物質と、50種類以上もの☐性物質が含まれています。

②喫煙すると、☐が出たり、☐の痛み、☐がするなどの症状が出てきます。

③妊婦が喫煙したり、喫煙者の煙を吸い込んだりすると、赤ちゃんが☐で生まれるなどの悪影響があります。

④タバコを吸わない人と比べて、吸う人は、☐による死亡率が高いことがわかっています。

⑤タバコを反復使用すると、☐という成分によって、精神や身体の☐が生じるために、なかなかやめられなくなってしまいます。

3　感想や質問を書きましょう。

「タバコが体に及ぼす影響」ワークシート解説

___年___組　名前_____

1　当てはまるものに○をつけましょう。
　①タバコが体に及ぼす害について考えることができましたか？
　　［　　　できた　　　だいたいできた　　　できなかった　］　◀ 関心・意欲・態度
　②なぜ、体への害をわかっていてもタバコを吸い始めたり、やめられない人
　　がいるのか考えてみましょう。　　　　　　　　　　　　　　◀ 思考・判断

　［　　　　　　　　　　　　　　　　　　　　　　　　　　　　　］

2　［　　　　　］の中に当てはまる言葉を書きましょう。　　◀ 知識・理解
　①タバコの煙には約 **4000** 種類の化学物質と、50種類以上もの
　　発がん 性物質が含まれています。
　②喫煙すると、**咳** が出たり、**喉** の痛み、**息切れ** がするなど
　　の症状が出てきます。
　③妊婦が喫煙したり、喫煙者の煙を吸い込んだりすると、赤ちゃんが
　　低体重 で生まれるなどの悪影響があります。
　④タバコを吸わない人と比べて、吸う人は、**肺がん** による死亡率が高
　　いことがわかっています。
　⑤タバコを反復使用すると、**ニコチン** という成分によって、精神や
　　身体の **依存** が生じるために、なかなかやめられなくなってしまいます。

指導する際のポイント

　タバコの害については、中学生には、成長期の未成熟な体は悪影響を受けやすく、依存症にもなりやすいことを、また高校生には一歩進めて、将来、生活習慣病のリスクを高めることを認識させたいところです。さらに、副流煙は周囲の人に健康被害を及ぼすことや、自己肯定感の低さが依存症に結びつきやすい点などにも触れられれば更によいでしょう。

なぜダメ？ アルコール・薬物

※シナリオはP40～41をご参照ください

① なぜダメ？ アルコール・薬物

② 意識調査「お酒」

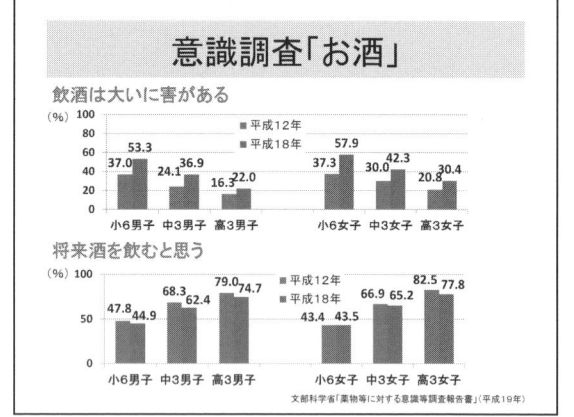

飲酒は大いに害がある
（平成12年／平成18年）
- 小6男子：37.0／53.3
- 中3男子：24.1／36.9
- 高3男子：16.3／22.0
- 小6女子：37.3／57.9
- 中3女子：30.0／42.3
- 高3女子：20.8／30.4

将来酒を飲むと思う
（平成12年／平成18年）
- 小6男子：47.8／44.9
- 中3男子：68.3／62.4
- 高3男子：79.0／74.7
- 小6女子：43.4／43.5
- 中3女子：66.9／65.2
- 高3女子：82.5／77.8

文部科学省「薬物等に対する意識等調査報告書」（平成19年）

③ 成長期は影響を受けやすい

影響

④ アルコール・薬物 急性の症状

一度に大量の飲酒をすると急性アルコール中毒で死亡することも

薬物も急性の錯乱、急死などがある

⑤ アルコールの害 常習的な影響

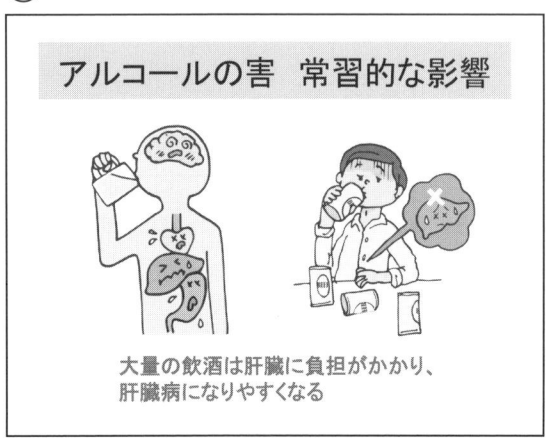

大量の飲酒は肝臓に負担がかかり、肝臓病になりやすくなる

⑥ 薬物依存症とは？

薬物乱用 → 耐性ができる → 薬が切れる → 精神・身体の苦痛 → 薬物探索行動 → 乱用の繰り返し → （耐性ができる…）

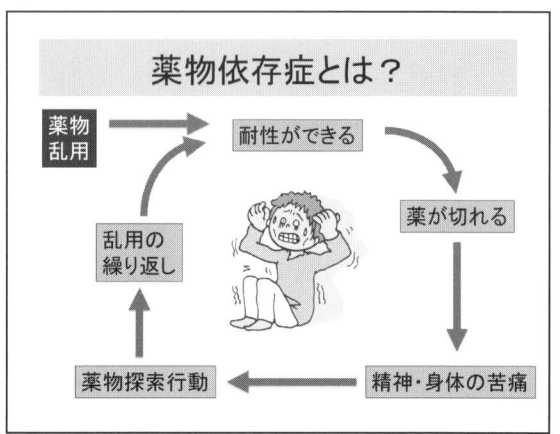

⑦

覚せい剤、大麻及びMDMA等合成麻薬事犯
検挙者総数に占める青少年の割合の推移

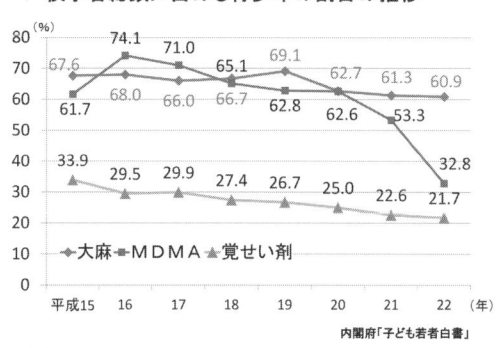

年	大麻	MDMA	覚せい剤
平成15	67.6	61.7	33.9
16	74.1	68.0	29.5
17	71.0	66.0	29.9
18	65.1	66.7	27.4
19	69.1	62.8	26.7
20	62.7	62.6	25.0
21	61.3	53.3	22.6
22	60.9	32.8	21.7

内閣府「子ども若者白書」

⑧

大麻（マリファナ）
- 幻覚作用
- タバコより強い発がん性
- 肺機能、免疫の低下
- 乱用を続けると人格が変容

MDMA（合成麻薬）
- 中枢神経を刺激し、興奮作用や幻覚作用
- 覚せい剤の成分などが混ぜられていることが多い

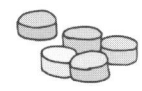

⑨

覚せい剤
- 興奮作用
- 強い依存性がある
- フラッシュバックも
- 幻覚、妄想、錯乱状態

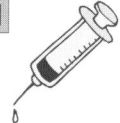

ヘロイン
- 薬物の中でも強い依存性
- 激しい禁断症状

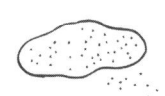

コカイン
- 興奮作用
- 幻覚や妄想

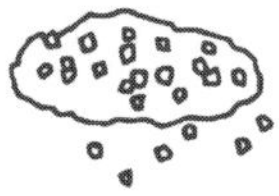

⑩

脱法ドラッグ、脱法ハーブとは？

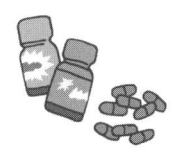

- 多幸感や快楽感を高めることを目的とした化学物質や植物片
- 呼吸困難や意識消失などが起こることも

⑪

有機溶剤（ラッカー・ボンド・シンナー・トルエン）
- 酩酊（めいてい）感や興奮
- 歯がボロボロになる
- 視力低下
- 脳の溶解
- 幻覚、妄想により他人へ暴力

こうした薬物乱用は、一生残る後遺症が出ることも
人生をめちゃくちゃにする

⑫

「本物」の幸せ、「ニセモノ」の幸せ

自分の力で「幸せ」になろう

なぜダメ？ アルコール・薬物
～シナリオ～

① 皆さんはこれまで、アルコールや薬物の危険性について、「ダメ。ゼッタイ。」と、何度か聞いたことがあるかと思います。今日は、「なぜダメなのか？」を学びたいと思います。

② まずは、飲酒について、みんなの意識を見てみましょう。これは小学校６年生、中学校３年生、高校３年生のアンケートの結果です。
　平成12年と平成18年を比較したものです。「飲酒は大いに害がある」という認識は、いずれも少し高くなっていますが、年齢が上がるにつれて、男女ともに飲酒に対する抵抗が無くなっていく様子が見てとれます。

③ 成長期の皆さんの体は、ものすごい勢いで日々成長しています。毎日、食べたものだけではなく、運動の刺激や、よい休養をとることなどによっても、体が大きく丈夫になっていきます。骨や筋肉だけでなく、内臓器官も日々成長している時期なので、大人に比べて外からの影響を受けやすいといえます。

④ アルコールは急激に大量に飲むと、急性中毒を起こして意識障害や死に至ることもあります。一気飲みによる急性アルコール中毒で大学生が死亡した、というニュースを聞いたことがある人もいると思います。日本人はアルコールを分解する酵素が少ない人が多いといわれます。体質的にまるでお酒が飲めない人もいます。
　覚せい剤などの薬物も、激しい急性の錯乱状態や急死などを引き起こすことがあります。成長期には、こうした症状も強く出やすい傾向があります。

⑤ 今度は常習した場合の影響を考えてみましょう。アルコールを分解するのは肝臓の仕事です。大量に飲酒を続けると肝臓に負担がかかり、肝臓病になりやすくなります。肝臓は「沈黙の臓器」と呼ばれ、肝臓病の症状が出たころには手遅れのことも多くあります。

⑥ 薬物の依存症はどのように形成されるのでしょうか？　最初は、軽い気持ちで薬物に手を出しただけであっても、薬物によって一時的な快感を得ることが当たり前になってしまい、今度は薬物が切れるとイライラして精神・身体の苦痛が生じます。正常な思考ができなくなって、どうやってでも手に入れたいと思うようになり、薬物探索行動の手段を選ばなくなります。そして犯罪に手を染めたり、人を傷つけたり、事故を起こしたりすることもあります。さらに回を重ねるごとに、これまでの量では効き目を感じなくなり、量が増えていきます。このようにして「抜けられなくなり」、依存症になっていくのです。薬物だけでなく、アルコールでも依存症になります。

⑦ 青少年の間では、近年大麻（マリファナ）、MDMA（合成麻薬）、覚せい剤などが大きな問題になっています。

> 一般的な学校を想定して作っていますので、
> 各学校の状況に応じて変更してお使いください

⑧　大麻（マリファナ）は、幻覚作用などがあります。発がん性物質をタバコの煙より50〜70％も多く含んでいるといわれています。また肺機能の低下、免疫の低下、眼球結膜の充血、心拍数の増加など体への影響も大きいものです。乱用を続けると人格が変容します。

　　ＭＤＭＡなどの合成麻薬は、中枢神経を刺激し、興奮作用と幻覚作用があります。俗にエクスタシーなどともいわれています。カラフルな錠剤で、一見害が少なく見えるかもしれませんが、覚せい剤の成分などが混ぜられていることが多く、服用により依存症を形成します。また、ときには死亡することもあります。

⑨　覚せい剤には興奮作用があり、強い依存性があります。血液を通じて腎臓、肺、肝臓、脳などの臓器に素早く広がります。また覚せい剤を中止しても、疲労やストレスなどのちょっとしたことで、乱用時の症状がよみがえってくるフラッシュバックが発生します。ヘロインは薬物の中でも一番強い依存性があります。使用中に呼吸が止まり死に至ったり、やめると激しい禁断症状が出て脱水症状になり全身衰弱を起こしたりします。コカインは興奮作用、幻覚作用、妄想作用などがあります。

⑩　脱法ドラッグや脱法ハーブとは、麻薬や覚せい剤と同様の多幸感や快楽感などを高める目的で使用される化学物質や植物片などです。麻薬や覚せい剤と異なり、まだ法律で所持や使用、譲渡などが禁止されていないことがあるため、「法の規制の間をすり抜けた薬物」ということで、「脱法」と呼ばれています。ただし、これらのドラッグは次々に麻薬指定となり、取り締まり対象となっています。呼吸困難や意識消失など健康被害や事故例も増えています。覚せい剤など危険な薬物に手を染めるきっかけ（入り口）になるため、ゲートウェイ（gateway）ドラッグとも呼ばれています。

⑪　有機溶剤は、塗料用のラッカー・シンナーや接着剤のボンドなどのことで、誰でも簡単に手に入れることができます。有機溶剤を吸入すると酩酊感や興奮が起こります。しかし、吸入を続けていると、歯がボロボロになる、視力低下、脳の溶解のほか、幻覚、妄想により他人へ暴力をふるうことなどもあります。

　　こうした薬物や有機溶剤の使用は一生残る後遺症が出ることがあり、人生をめちゃくちゃにしてしまうので、絶対に手を出さないようにしましょう。

⑫　勉強や仕事などで目標を達成したり、スポーツで試合に勝ったりすると、脳からはドーパミンという物質が出て、幸せな気分になるといわれます。薬物乱用というのは、この快感を、薬物を体にとり入れることによって、手っ取り早く味わうようなものです。

　　自分の未来を大切にしてほしいからこそ、アルコール・薬物はダメなのです。薬物でニセモノの幸せな状態をつくり出さなくても、私たちは自分の力で、本物の幸せを感じることができます。これから先、大人になっても、現実の目の前の課題に、自分らしく挑戦して行く中で、本物の達成感や幸福感をたくさん味わっていってほしいと思います。

「なぜダメ？　アルコール・薬物」ワークシート

　　　　　　　　　　　__ 年 __ 組　名前 _____

1　当てはまるものに○をつけましょう。
　①アルコールや薬物の危険性について考えることができましたか？
　［　　　できた　　　だいたいできた　　　できなかった　　　］
　②今、あなたが街角で呼び止められて、薬物と思われるものを勧められたとしたら、どうしますか？

　［
　
　
　
　　　　　　　　　　　　　　　　　　　　　　　　　　　　　　　　］

2　☐の中に当てはまる言葉を書きましょう。
　①アルコールを大量に飲んだり、覚せい剤などの薬物を使用したりすると、☐☐☐を起こして、意識障害や死に至ることがあります。
　②アルコールを常習すると、アルコールを分解する☐☐☐に、負担がかかり、☐☐☐の病気になりやすくなります。
　③アルコールや薬物によって快感を得ることが当たり前になると、それなしではいられなくなる☐☐☐になってしまいます。
　④薬物をやめたあとも、乱用した時の幻覚、妄想などがよみがえる☐☐☐現象が発生します。
　⑤☐☐☐は、法律での規制が追いついていないものがありますが、麻薬などと同じ目的で使用されており、とても危険です。

3　感想や質問を書きましょう。

「なぜダメ？ アルコール・薬物」ワークシート解説

___年___組　名前_____

1 当てはまるものに○をつけましょう。
　①アルコールや薬物の危険性について考えることができましたか？
　　[　　できた　　　だいたいできた　　　できなかった　] ◀ 関心・意欲・態度
　②今、あなたが街角で呼び止められて、薬物と思われるものを勧められたと
　　したら、どうしますか？ ◀ 思考・判断

　[　　　　　　　　　　　　　　　　　　　　　　　　　　　　　]

2 ☐ の中に当てはまる言葉を書きましょう。 ◀ 知識・理解
　①アルコールを大量に飲んだり、覚せい剤などの薬物を使用したりすると、
　　 急性中毒 を起こして、意識障害や死に至ることがあります。
　②アルコールを常習すると、アルコールを分解する **肝臓** に、負担がか
　　かり、**肝臓** の病気になりやすくなります。
　③アルコールや薬物によって快感を得ることが当たり前になると、それなし
　　ではいられなくなる **依存症** になってしまいます。
　④薬物をやめたあとも、乱用した時の幻覚、妄想などがよみがえる
　　 フラッシュバック 現象が発生します。
　⑤ **脱法ドラッグ** は、法律での規制が追いついていないものがありま
　　すが、麻薬などと同じ目的で使用されており、とても危険です。

指導する際のポイント

　薬物乱用については、これまでのキャンペーンや薬物乱用防止教育などの成果もあってか、大麻や麻薬などの薬物の恐ろしさを、多くの子どもたちも知るところとなっています。しかし最近では、手を変え品を変え出回る脱法ドラッグの乱用が、若者の間で増えてきています。今後はくすり教育とも関連させて、しっかりと自己判断できる力をつけていくことが必要となっていくと思われます。

コミュニケーションスキル

※シナリオは P46～47 をご参照ください

①
コミュニケーションスキル

②
言語的コミュニケーション
- 話す
- 聞く
- 読む
- 書く

③
非言語的コミュニケーション
- 沈黙
- 顔色
- 視線
- 服装・髪型
- しぐさ
- 手振り
- 体の姿勢
- 声のトーン
- 相手との物理的距離
- 表情
- 場の空気

④
コミュニケーション能力

言語・非言語による意志疎通能力
- 会話のキャッチボールをうまく行える能力
- 感情を互いに理解し合う協調力
- 感情面に気を配って、信頼関係を築いてゆく能力
- 自己表現能力
- 合意（コンセンサス）形成能力

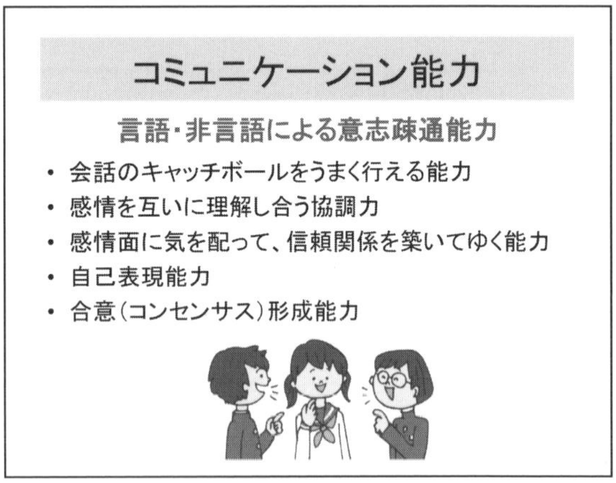

⑤
コミュニケーションスキル

対人関係を円滑に進める技術

⑥
もしこんな状況に置かれたら？

場面設定

A君　B君

⑦ 考えてみよう

自分だったら、どのように考え、自分の気持ちをどのように、どんな言葉で伝えますか？

A君だったら？ 　　B君だったら？

⑧

A君「おい！一服やって行こうぜ！」

タイプ1
B君「うーん、‥‥」
A君「なんだよ！つきあい悪いな！」
B君「あの〜‥‥」

タイプ2
B君「俺 やんないよ！」
A君「なんだよ！俺の相手ができないのか？」
B君「そういうわけじゃないけど、おまえとつきあってると、からだ壊しそう！」

タイプ3
B君「この前、タバコ吸っちゃったけど、俺たち未成年だよね。すっきりしたいのはわかるけど、俺は吸いたくないんだよ。おまえもサッカーやるなら肺機能悪くしない方がいいんじゃない。体に悪いことはしたくないから、俺はやらないことにしたよ」
A君「そうか、タバコって持久力落とすんだよな」

⑨

	身振り	言い方	自分の気持ち	相手が受ける感じ
タイプ1 ぐずぐず型 「のび太」タイプ	相手の目を見ていない もじもじしている がまんしている	相手に従った言い方 「もしよかったら．．．」 あきらめた言い方 「私には無理．．．」 自分の考えを言わない 「あの〜 ええ〜と」など弱々しく言う	自分の言いたいことが言えない 悔しい 悲しい	相手が何を言いたいかわからない イライラする
タイプ2 攻撃型 「ジャイアン」タイプ	ぎらぎらした目つき 相手を無視する 追ってくる 押さえつける	乱暴な言葉を使う 「きをつけろ」「うるせーな」「冗談言うな」 自分の意見を押しつける 「言うとおりにしろ！」など強く言い放つ	自分の言いたいことは言えたが、関係が悪くなってしまう 腹が立つ 悲しい	けんかしているみたい 脅されているみたい 頭にくる 怖い
タイプ3 自己表現型 「しずかちゃん」タイプ	目線を合わせる ちょうどよい距離 背中が伸びている	①状況を客観的に描写 「この前、タバコ吸っちゃったけど、俺たち未成年だよね」 ②自分の意見、気持ちを表現 「すっきりしたいのはわかるけど、俺は吸いたくないんだよ」 ③具体的に提案 「おまえもサッカーやるなら肺機能悪くしない方がいいんじゃない」 ④提案に対する対応法を考える 「体に悪いことはしたくないから、俺はやらないことにしたよ」	自分の意見を言える すっきりする うれしい 気持ちがいい	相手の気持ちがわかる 納得できる 前向きになれる

⑩ 自己表現型

「この前、タバコ吸っちゃったけど、俺たち未成年だよね。すっきりしたいのはわかるけど、俺は吸いたくないんだよ。おまえもサッカーやるなら肺機能悪くしない方がいいんじゃない。体に悪いことはしたくないから、俺はやらないことにしたよ」

（穏やかに言う）

相手の気持ちも大切にしつつ、自分の気持ちを伝える

⑪ 自己表現型の会話をするための4つのポイント、DESC法

①Describe ➡ 状況を客観的に描写
②Express ➡ 自分の主観的な気持ちを表現
③Specify ➡ 具体的な提案
④Choose ➡ 提案に対する結果を想定、対応法を考え選択する

頭文字をとってDESC

⑫ コミュニケーション力をつけてよい人間関係を築いていこう

ありがとう

おはよう〜

コミュニケーションスキル
～シナリオ～

① コミュニケーションとは、自分の気持ちを伝えたり相手の気持ちを感じ取ったりすることです。今日は、きちんとコミュニケーションをとるためのコツを勉強しましょう。

② コミュニケーションには、言語的コミュニケーションと非言語的コミュニケーションがあるといわれます。まずは、言語的コミュニケーションについてです。言語とは「言葉」のことで、言語的コミュニケーションとは、言葉を使って、話したり、聞いたり、読んだり、書いたりすることによってコミュニケーションをとることをいいます。

③ 次は非言語的コミュニケーションです。非言語とは、「言葉ではない」という意味です。ですから非言語的コミュニケーションとは、言葉を使わないコミュニケーションのことです。しぐさや表情、声などで自分の気持ちを伝えたり、相手の気持ちを読み取ったりということは、皆さんも普段からやっていますよね。

④ 現代、必要とされているコミュニケーション能力とは、言語も非言語も合わせた意志疎通能力です。総合的にいえば、「会話のキャッチボールをうまく行える能力」、「感情を互いに理解し合う協調力」、「感情面に気を配って、信頼関係を築いてゆく能力」、「自己表現能力」、「合意（コンセンサス）形成能力」などともいえるでしょう。
　しかし、これはただ、口が達者であればよいということでも、明るければよいということでもありません。大切なことは、「自分の気持ちを伝えることができる」ことと、「相手の気持ちを理解することができる」ということでしょう。

⑤ コミュニケーションスキルとは、対人関係を円滑に進める技術といえます。
　私たちは日頃、人間関係が原因でイライラするなど多くのストレスを感じたり、自分の気持ちをうまく表現できなくて失敗してしまったりすることがあります。また、相手が言語化してない要求を把握することができる人ほど、コミュニケーション能力があるともいわれます。

⑥ さて、次は「もしこんな状況に置かれたら」という場面を設定して、自分ならどうするかを考えてみましょう。
　中学３年のＡ君はサッカーが大好きです。Ａ君は夜の公園で練習するために、近所の同級生Ｂ君をたびたび誘い出します。Ｂ君は自分も気分転換したいのでサッカーをするのはいいのですが、練習の後、Ａ君はタバコを吸い、おまえもやれよと勧めてくるのです。「すっきりするぞ」とか「つきあい悪いな」とか言われて何度かＢ君も吸ってしまいました。できればもう吸いたくないのですが、今日も「おい！一服やっていこうぜ！」と言われてしまいました。

> 一般的な学校を想定して作っていますので、
> 各学校の状況に応じて変更してお使いください

⑦　こんなとき、自分だったら、どのように考え、自分の気持ちをどのように、どんな言葉で伝えますか？

⑧　ここで３つのタイプを紹介します。自分はどれに近いでしょうか？
　　この３つのタイプの特徴を見てみましょう。

⑨　タイプ１は「ぐずぐず型」です。身振りとしては自信が無くて相手の目を見ておらず、「もしよかったら」など相手に従った言い方で、自分の言いたいことが言えず、相手もイライラさせてしまいがちです。
　　タイプ２は「攻撃型」です。ぎらぎらした目つきで相手を押さえつけ、自分の言いたいことは言えますが、相手は脅されているみたいに感じてしまいます。
　　タイプ３は「自己表現型」です。相手の気持ちも自分の気持ちも把握した上で、穏やかに話します。自分の気持ちをきちんと伝えることができ、相手も納得できます。
　　このタイプ３のようにできるようになりたいですね。

⑩　これは「アサーション」と呼ばれるコミュニケーションのやり方で、相手の気持ちも大切にしつつ、自分の気持ちを伝えることを目指すものです。
　　ここでもう一度、タイプ３の言い方を見てみましょう。
　「すっきりしたい気持ちもわかるけど」で相手の気持ちを表現してあげ、「おまえもサッカーやるなら肺機能悪くしない方がいいんじゃない。俺はやらないことにしたよ」で自分の気持ちを伝え、相手にも提案しています。これを「穏やかにはっきり言う」ことで、むやみにけんかになることを防ぐことができるのです。

⑪　では「自己表現型」の会話をするためのポイントを４つ紹介します。
　　１：Describe＝自分の状況や相手の行動を客観的に描写し、共通の認識を持つ。
　　２：Express＝自分の主観的な気持ちを表現、説明する。
　　３：Specify＝解決策や妥協案など、具体的な提案をする。
　　４：Choose＝自分の提案に対する肯定的結果と否定的結果を想定し、それぞれについての対応法を考え、選択する。
　　これはそれぞれの頭文字をとって、DESC法といわれています。

⑫　いかがでしたか？　「相手の気持ちを大切にしつつ、自分の気持ちを伝える」方法がわかりましたか。今は、まだできないという人も落ち込むことはありません。練習すれば少しずつできるようになります。コミュニケーション力をつけて、よい人間関係を築いていきましょう。

「コミュニケーションスキル」ワークシート

＿＿年＿＿組　名前＿＿＿＿＿＿＿＿＿＿＿＿＿＿

1　当てはまるものに○をつけましょう。

①コミュニケーションスキルについて考えることができましたか？

[　　　できた　　　だいたいできた　　　できなかった　　　]

②もし、友人や先輩からタバコやお酒を勧められたらどのように断るかを考えてみましょう。

[
　
　
　
　
]

2　☐の中に当てはまる言葉を書きましょう。

①コミュニケーションのタイプには、

　　自分の気持ちを抑えて相手に従う☐☐☐☐型、

　　相手を押さえつけて、自分の思い通りにする☐☐☐☐型、

　　相手の気持ちも大切にしながら自分の気持ちを伝える☐☐☐☐型

　があります。

②自己表現型の会話をするためには

〈1〉自分や相手の☐☐☐を客観的に描写する

〈2〉自分の主観的な気持ちを☐☐☐する

〈3〉解決の方法を具体的に☐☐☐する

〈4〉提案に対する結果を想定して、その対応法を考え、選択する

の4つのポイントを使って穏やかに話すとよいでしょう。

3　感想や質問を書きましょう。

[
　
　
　
　
]

「コミュニケーションスキル」ワークシート解説

___年 ___組 名前_____

1 当てはまるものに○をつけましょう。
　①コミュニケーションスキルについて考えることができましたか？
　　[　　できた　　　だいたいできた　　　できなかった　] ◀ 関心・意欲・態度
　②もし、友人や先輩からタバコやお酒を勧められたらどのように断るかを考えてみましょう。 ◀ 思考・判断

　　[　　　　　　　　　　　　　　　　　　　　　　　　　]

2 ☐ の中に当てはまる言葉を書きましょう。 ◀ 知識・理解
　①コミュニケーションのタイプには、
　　自分の気持ちを抑えて相手に従う　**ぐずぐず**　型、
　　相手を押さえつけて、自分の思い通りにする　**攻撃**　型、
　　相手の気持ちも大切にしながら自分の気持ちを伝える　**自己表現**　型
　　があります。
　②自己表現型の会話をするためには
　　〈1〉自分や相手の　**状況**　を客観的に描写する
　　〈2〉自分の主観的な気持ちを　**表現 or 説明**　する
　　〈3〉解決の方法を具体的に　**提案**　する
　　〈4〉提案に対する結果を想定して、その対応法を考え、選択する
　　の4つのポイントを使って穏やかに話すとよいでしょう。

指導する際のポイント

　よくないことに巻き込まれることを予感しつつも断れない。それはなぜでしょうか？ それは「相手に嫌われることや、相手を怒らせることを恐れる」という心理ではないでしょうか。この関係が終わってしまうかもしれない、もっとひどい状況になるかもしれないと、受け入れてしまう。この悪循環を断つためには、ほかによい関係を持つことです。家族や友人などとの良好な関係があることで、その子は守られ危ない誘いを断る勇気を出せるのです。

MEMO

3章

性教育

成熟する体

※シナリオは P54～55 をご参照ください

① 成熟する体

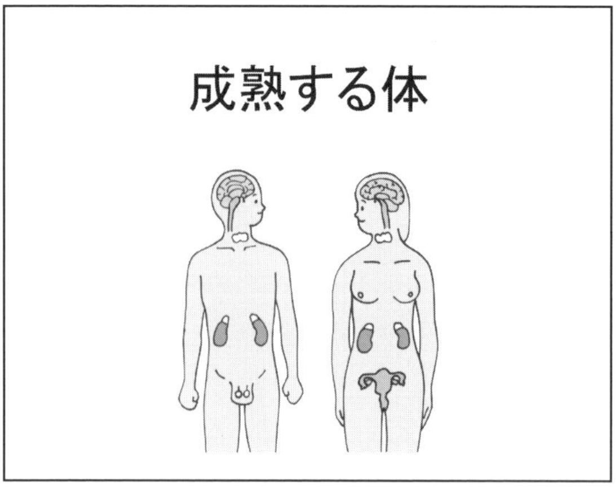

② ホルモンと二次性徴
- 男性 / 女性
- 脳下垂体
- 性腺刺激ホルモン
- 生殖器
- 精巣 / 卵巣

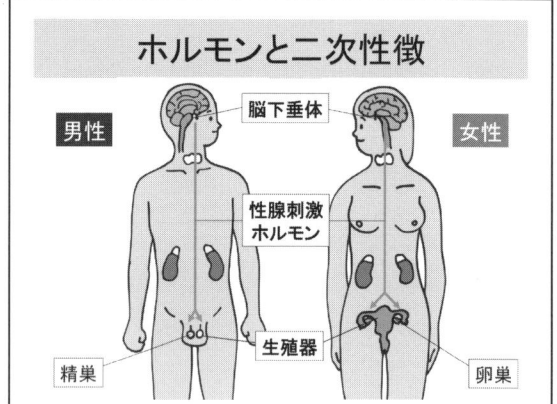

③ 体にどんな変化が出てきたでしょう
- 声変わりが始まる
- ひげが濃くなる
- 筋肉が発達する
- 肩幅が広くなる

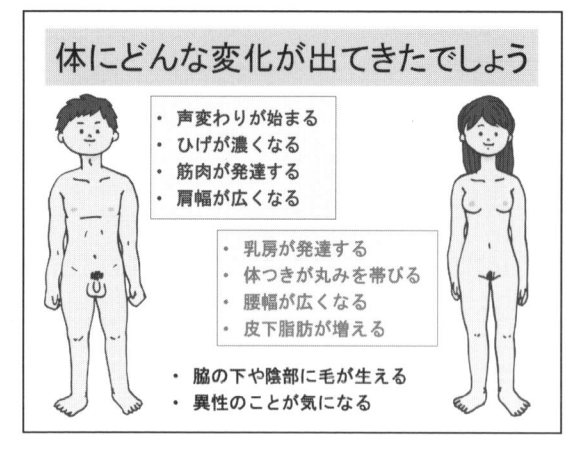

- 乳房が発達する
- 体つきが丸みを帯びる
- 腰幅が広くなる
- 皮下脂肪が増える

- 脇の下や陰部に毛が生える
- 異性のことが気になる

④ 女性器の仕組み（横から見た図）
- 卵管
- 卵巣
- （ぼうこう）
- 子宮
- （尿道）
- 膣
- （こう門）

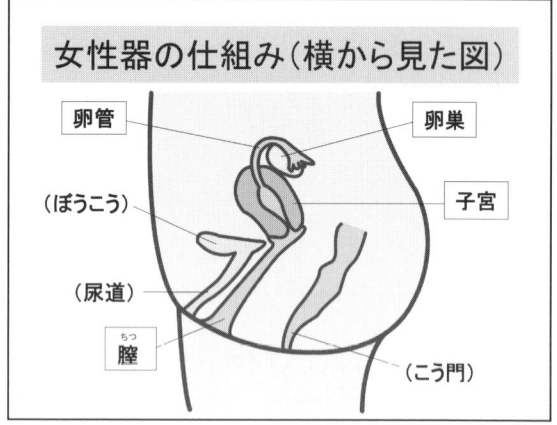

⑤ 男性器の仕組み（横から見た図）
- （ぼうこう）
- 精のう
- 前立腺
- 精管
- （尿道）
- （こう門）
- 陰茎
- 精巣
- 陰のう

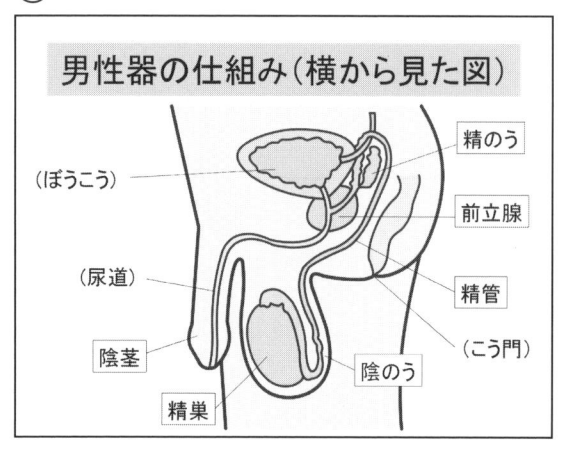

⑥ 射精の仕組み
- ぼうこう
- 精のう
- 陰茎
- 精巣

- 52 -

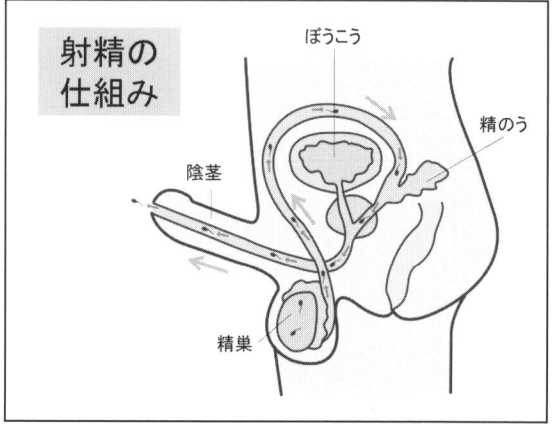

⑦ 月経の仕組み

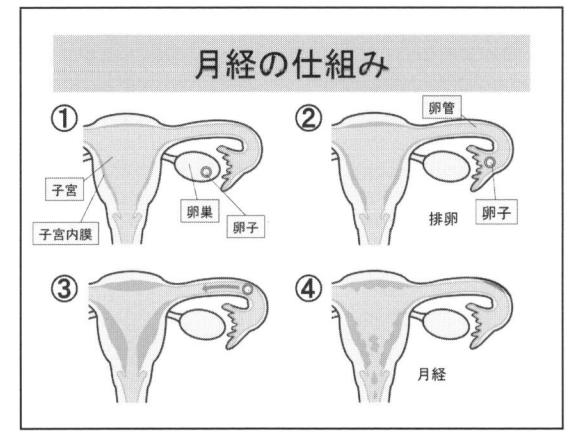

① 子宮／子宮内膜／卵巣／卵子
② 卵管／排卵／卵子
③
④ 月経

⑧ 受精の仕組み

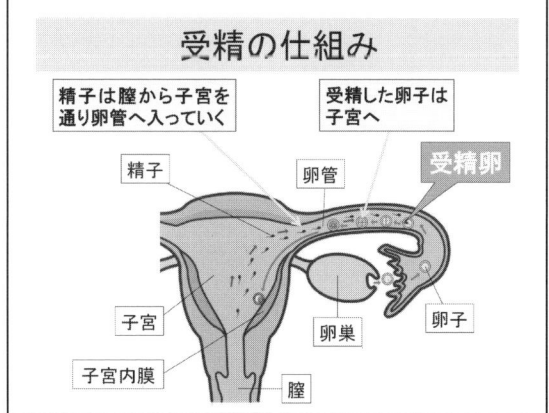

精子は膣から子宮を通り卵管へ入っていく
受精した卵子は子宮へ
精子／卵管／受精卵／子宮／卵巣／卵子／子宮内膜／膣

⑨ 初経年齢

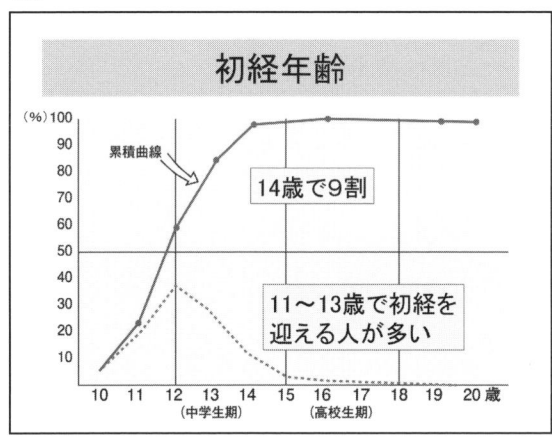

累積曲線
14歳で9割
11〜13歳で初経を迎える人が多い

(中学生期)(高校生期)

⑩ 精通年齢

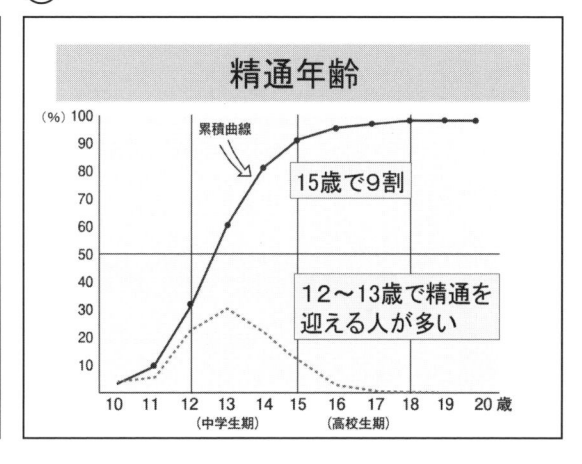

累積曲線
15歳で9割
12〜13歳で精通を迎える人が多い

(中学生期)(高校生期)

⑪ 成長には個人差がある

人間の体ってすごいね！
体の中で起きている変化はとても大切なんだ！
一人ひとり違うんだね！

⑫ お互いを理解することが大切

成熟する体
～シナリオ～

① 今日は思春期の体の変化、二次性徴について学習します。皆さんの体は小学校高学年のころから、少しずつ変わってきていますね。身長、体重の増加だけでなく、男女の体にそれぞれ変化が見られるようになります。

② 思春期になると、脳の下垂体というところから性腺刺激ホルモンが分泌され、生殖器（男子は精巣、女子は卵巣）の機能が発達します。生殖器からは、男子は男性ホルモン、女子は女性ホルモンが分泌され、生殖能力を備えた体に成長していきます。

③ 小学校のおさらいです。体にどんな変化が出てきましたか。
　男子の体は、声変わりが始まる、ひげが濃くなる、筋肉が発達する、肩幅が広くなるなどの変化が現れます。
　女子の体は、乳房が発達する、体つきが丸みを帯びる、腰幅が広くなる、皮下脂肪が増える、などの変化が現れます。
　男女共通して脇の下や陰部に毛が生えてきます。
　そして心にも変化が起こります。例えば異性のことが気になるなど、自分がどう見えるか意識し始めたりするようになります。これも二次性徴の現れです。

④ 二次性徴で変化する私たちの体の中はどうなっているのでしょう？
　女性器は、外陰部といわれる外性器と、体の中に隠れている内性器に分かれています。内性器には、赤ちゃんのもとになる卵子を育てる「卵巣」、卵子を子宮に送る「卵管」、赤ちゃんを育てる部屋「子宮」、そして子宮から体の外へ続く「膣」があります。

⑤ 男性器も、外から見える外性器と、体の中に隠れている内性器に分かれています。
　男性器は、「陰茎」と「陰のう」が、外性器です。赤ちゃんのもとになる精子をつくる「精巣」、精子の通り道「精管」、精液をつくる「精のう」そして、「前立腺」などをまとめて、内性器と呼んでいます。

⑥ 男子は、精巣が発達し、精子がつくられるようになります。精子と、精のうや前立腺から出る分泌液が混ざったものを精液といいます。性的な興奮や刺激で、尿道を通って精液が体の外に出ることが「射精」です。初めての射精を「精通」といいます。

> 一般的な学校を想定して作っていますので、各学校の状況に応じて変更してお使いください

⑦ 女子の体の中では、将来赤ちゃんを育てるための準備が始まっています。卵巣が発達し、卵巣の中で赤ちゃんのもとになる卵子が成熟します。そして、1か月に1個、成熟した卵子が卵巣から飛び出します。これを「排卵」といいます。
　卵子は、卵管を通って子宮へ向かいます。排卵に合わせ、毎月赤ちゃんのベッドとなる子宮内膜は、厚くなります。
　卵子と、精子が出会って一緒になることを受精といいますが、この受精がなければ、厚くなった子宮内膜ははがれて、体の外へ出てきます。これが「月経」です。初めての月経を「初経」といいます。

⑧ 男性器から射精された精子が、排卵された卵子と卵管で結合すると、受精卵になります。受精卵は、その後細胞分裂を繰り返しながら約7日を経て子宮に運ばれ、子宮内膜に着床します。これで妊娠が成立します。

⑨ 女子は、11歳から13歳ぐらいで「初経」を迎えます。14歳で90%ぐらいの人が初経を迎えます。でも、早い人は9〜10歳、遅い人は16歳ぐらいと、人によってかなり違いがあります。

⑩ 男子の精通は、12歳から13歳ぐらいで迎える人が多く、15歳で90%の人が迎えます。ただし、早い人は10〜11歳、遅い人は18歳ぐらいと、こちらも人によってずいぶん差があります。

⑪ この変化の時期を「思春期」といいます。初経や精通だけでなく、思春期の体の変化は、個人差がとても大きいものです。人と比べて、焦ったり、心配したりしないでください。この変化は18歳ぐらいまで続き、みんなの体は、だんだん大人になっていきます。

⑫ 思春期は、体だけではなく、心も大人になっていく時期です。
　ちょうど今の皆さんの時期は、自分の容姿を気にしたりおしゃれをしたりして、異性を意識するようになります。多くの男子は女子に興味を持ち、多くの女子は男子に興味を持つようになりますが、好きにもいろいろなタイプがあります。男女ともにどんな人を好きになるかは千差万別です。
　これから大人になっていく中で、体の違いだけでなく精神面でも一人ひとりの違いを認め合って、お互いが理解できるように心身ともに成熟していくことが大切です。

「成熟する体」ワークシート

___ 年 ___ 組　名前 _____

1　当てはまるものに○をつけましょう。
　①思春期の心身の変化について考えることができましたか？
　[　　　できた　　　だいたいできた　　　できなかった　　　]
　②今あなたの中で起きている心と体の変化にはどんなものがあるか、考えて
　　みましょう。

心	体

2　□の中に当てはまる言葉を書きましょう。
　①思春期になると、女性は [　　　　　　　]、男性は [　　　　　　　] が分泌され、それぞれの体つきに変化が生じてきます。
　②男子は [　　　] が発達し、精子がつくられるようになります。
　③女子の体の中では、[　　　] が発達し、その中では、赤ちゃんのもとになる卵子が成熟します。
　④男性器から射精された [　　　] が、排卵された [　　　] と結合すると、[　　　] となります。
　⑤女子の初めての月経を [　　　] といい、男子の初めての射精を [　　　] といいます。

3　感想や質問を書きましょう。

「成熟する体」ワークシート解説

___年___組　名前_____

1 当てはまるものに○をつけましょう。

　①思春期の心身の変化について考えることができましたか？　　← 関心・意欲・態度

　　[　　できた　　　だいたいできた　　　できなかった　]

　②今あなたの中で起きている心と体の変化にはどんなものがあるか、考えてみましょう。　← 思考・判断

心	体

2 □の中に当てはまる言葉を書きましょう。　← 知識・理解

　①思春期になると、女性は　**女性ホルモン**　、男性は　**男性ホルモン**　が分泌され、それぞれの体つきに変化が生じてきます。

　②男子は　**精巣**　が発達し、精子がつくられるようになります。

　③女子の体の中では、　**卵巣**　が発達し、その中では、赤ちゃんのもとになる卵子が成熟します。

　④男性器から射精された　**精子**　が、排卵された　**卵子**　と結合すると、　**受精卵**　となります。

　⑤女子の初めての月経を　**初経**　といい、男子の初めての射精を　**精通**　といいます。

指導する際のポイント

　近年、初経年齢が低年齢化しているといわれています。かつての低年齢化には体格の向上が伴っていたようですが、最近、体格には著しい変化は見られず、生活習慣や栄養状態が影響を及ぼしているともいわれています。身体面の成熟が早まっているのに比べて、精神面の成長はむしろ遅くなっているようです。二次性徴で起こる体の変化は、将来どのような役割を持つのか、正確な知識を身につけて欲しいと思います。

生命の誕生

※シナリオはP60～61をご参照ください

① 生命の誕生

② 命のバトン
生命の誕生は、命のバトンを受け継ぐこととも言われる

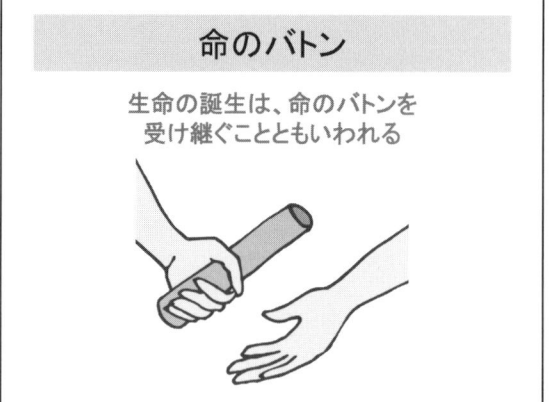

③ 受精
精子：約0.06mm
卵子：約0.1mm

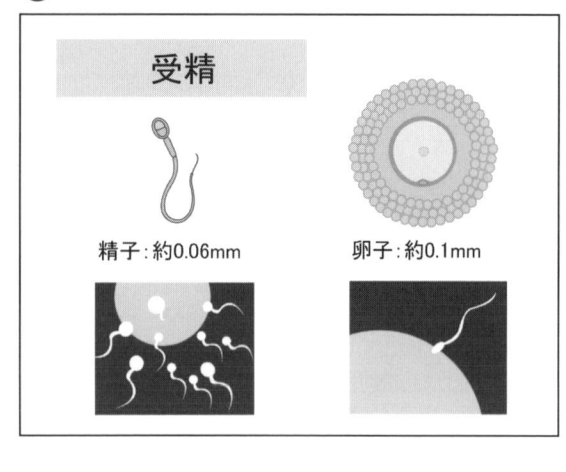

④ 着床

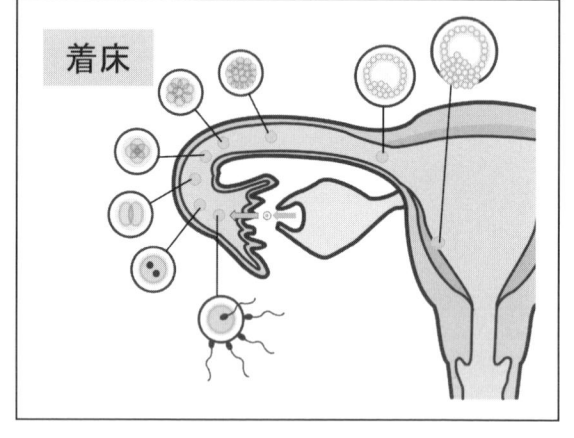

⑤ 妊娠と胎児の成長

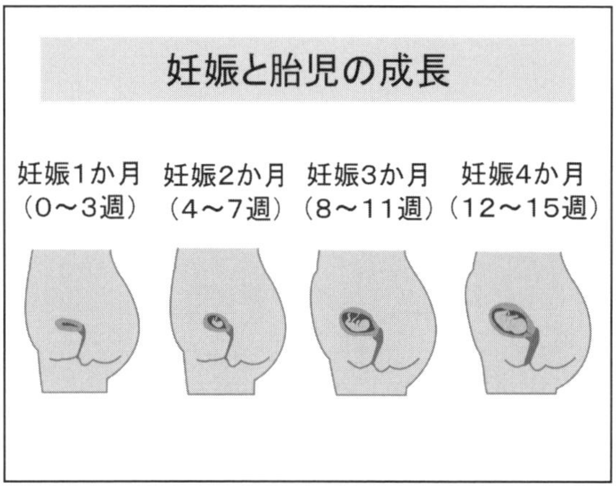

妊娠1か月	妊娠2か月	妊娠3か月	妊娠4か月
（0～3週）	（4～7週）	（8～11週）	（12～15週）

⑥ 胎盤について
胎盤
臍帯（へその緒）
羊水
母体の静脈
胎児の血管
子宮壁
母体の動脈

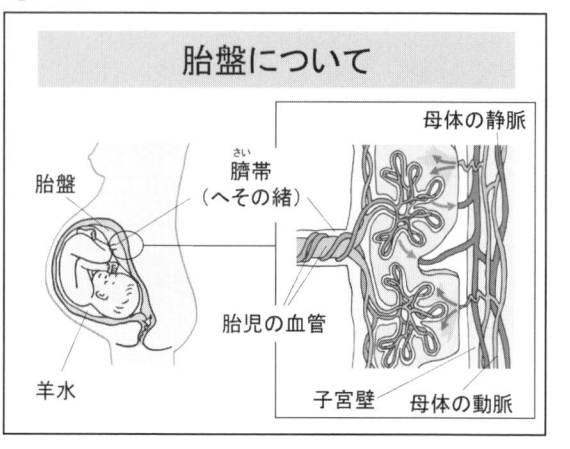

⑦

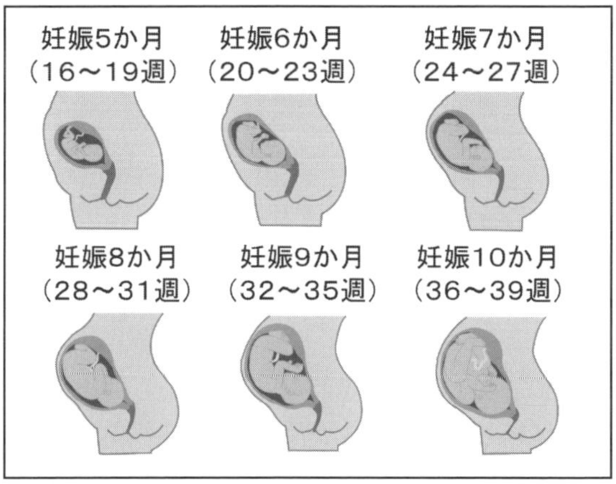

妊娠5か月	妊娠6か月	妊娠7か月
（16～19週）	（20～23週）	（24～27週）
妊娠8か月	妊娠9か月	妊娠10か月
（28～31週）	（32～35週）	（36～39週）

⑧ ※拡張子.pptのファイルでは再生できません。

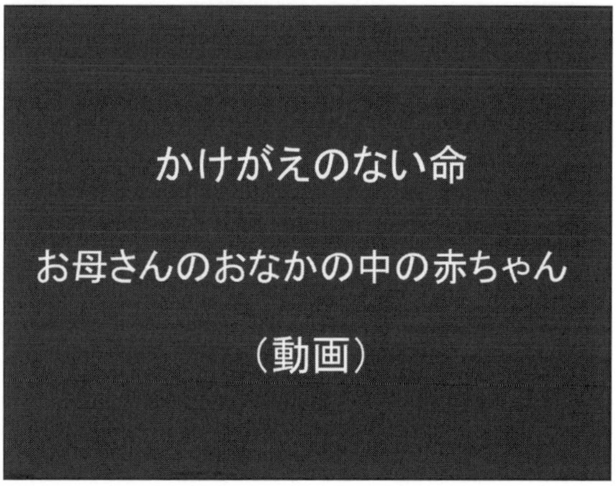

かけがえのない命

お母さんのおなかの中の赤ちゃん

（動画）

⑨

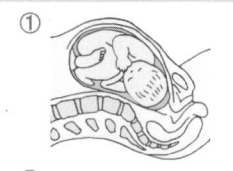

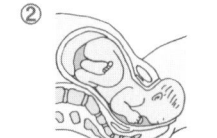

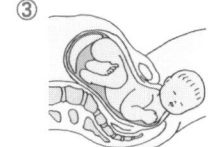

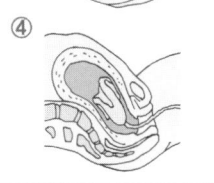

生まれてくる赤ちゃん

① ② ③ ④

⑩

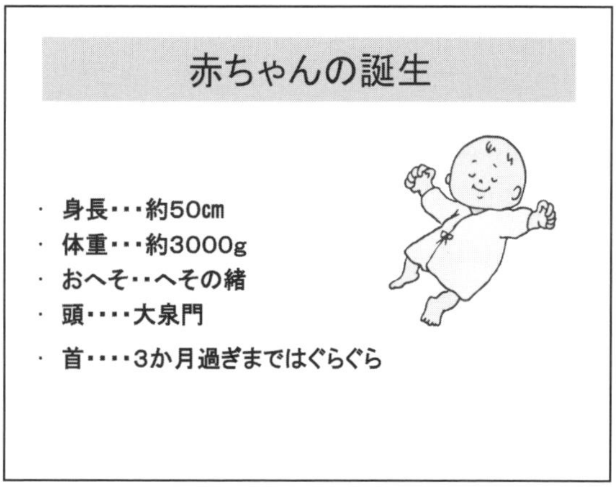

赤ちゃんの誕生

- 身長・・・約50㎝
- 体重・・・約3000g
- おへそ・・へその緒
- 頭・・・・大泉門
- 首・・・・3か月過ぎまではぐらぐら

⑪

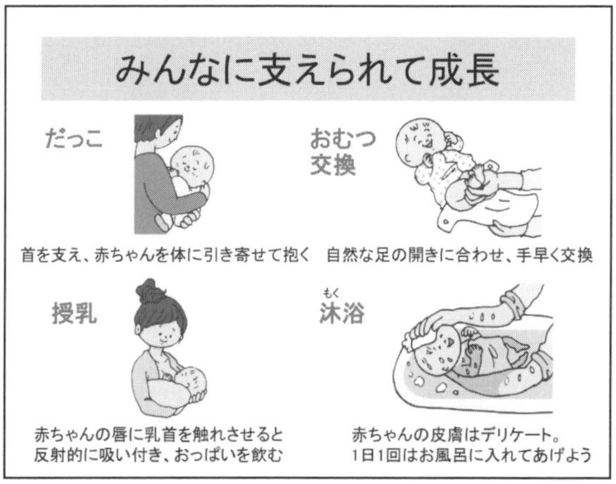

みんなに支えられて成長

だっこ　　　　　　　おむつ交換

首を支え、赤ちゃんを体に引き寄せて抱く　　自然な足の開きに合わせ、手早く交換

授乳　　　　　　　沐浴(もく)

赤ちゃんの唇に乳首を触れさせると　　　赤ちゃんの皮膚はデリケート。
反射的に吸い付き、おっぱいを飲む　　　1日1回はお風呂に入れてあげよう

⑫

どの命もすばらしい

生命の誕生
～シナリオ～

① 今日は生命の誕生について勉強します。皆さんが生まれたとき、家族の方たちはどんな思いだったでしょう。皆さんは、今ある自分の命について考えたことがありますか？

② 生命が誕生することは、お父さん、お母さんから命のバトンを受け継ぐこととも言われています。お父さんやお母さんたちも、それぞれの両親から命を授かったのです。そして皆さんもその命を受け継いでいるのです。

③ 女性の膣内に射精された3億ともいわれる精子は、卵子との出会いを目指して子宮内を進みます。狭い卵管の入り口をくぐり抜け、排卵され卵管采から卵管内を子宮に向かって送られてきた卵子の近くまでたどり着くことのできる精子の数は、数百です。
　卵子の近くにたどり着いてもさらに次の難関が待っています。卵子の周りを取り巻いている透明体という膜を突破しなければなりません。この膜を突破するためには、精子の先端に納められている酵素の働きが必要です。いくつもの精子が透明体に酵素を納めた先端部分を突き当てます。その中の幸運なたった1つだけが卵子の中に入ることができるのです。卵子に1つの精子が入ると、もうそれ以上ほかの精子が入ることができないようになっています。

④ 精子が卵子の中に入ると、卵子と精子の遺伝子を持った2つの核が数時間の間に融合して、1つの核になり受精卵となります。その後、受精卵は何度も細胞分裂を繰り返しながら、卵管から栄養やそのほかの発育に必要な物質をもらい、約7日かけて子宮に運ばれます。
　子宮の内側の子宮内膜は、ホルモンの働きにより月に一度厚くなって受精卵を待っています。ちょうどよいタイミングでやってきた受精卵は、子宮内膜に優しく抱かれます。受精卵はさらに深く潜り込んでお母さんの血管から赤ちゃんの発育に必要な栄養や酸素を受け取るようになります。これを着床といいます。

⑤ 赤ちゃんは、一般的には排卵から数えておよそ280日、10か月で生まれます（妊娠の月数は4週間を1か月と数えます）。お母さんのおなかの中でどのように成長していくのか、生命誕生のメカニズムを見てみましょう。
　1か月　精子と卵子が出会って、子宮内膜に受精卵が着床すると妊娠成立です。まだ妊娠の自覚症状はありません。
　2か月　頭と胴の区別ができ、神経細胞がつくられて心臓もかすかに動き始めます。
　3か月　頭・胴・足が発達して、人間らしい体になります。
　4か月　赤ちゃんは急激に成長し、胎盤が完成します。

⑥ 胎盤はお母さんと赤ちゃんの間で酸素や栄養の交換を行う大事な役割を持っています。胎盤と赤ちゃんは臍帯（へその緒）でつながっています。

> 一般的な学校を想定して作っていますので、
> 各学校の状況に応じて変更してお使いください

　出生時の臍帯は個人差がありますが、太さが約2cm、長さが50～60cmほどです。
　胎盤は赤ちゃんの呼吸器（酸素の供給と炭酸ガスの排出）や消化器（各種栄養素の供給）、内分泌器（ホルモンの生産と分泌）、造血器（血液の生成）、泌尿器（老廃物の排出）などの役割を果たしています。ほとんどの細菌は胎盤の膜を通り抜けることはできず、赤ちゃんは守られています。しかし、薬の多くは簡単に通過します。飲酒や喫煙も、赤ちゃんへ大きな影響をもたらします。ですから、妊娠中だけではなく、妊娠の可能性のある時期から、薬の服用に注意し、飲酒、喫煙は避ける必要があります。

⑦　胎盤は赤ちゃんがお母さんのおなかから出てくるまで、赤ちゃんの体を作る大事な役目を果たしています。
5か月　お母さんから栄養をもらって、髪の毛や爪も生え始め、羊水を飲んでおしっこもします。
6か月　22週で万が一、生まれてしまっても適切な管理下で生存できる可能性があります（中絶不可）。
7か月　まぶたができて鼻の穴も開通し、細かな体の部分が充実してきます。
8か月　皮下脂肪がついて丸みを帯びてきます。視覚や聴覚などが完成します。
9か月　多くの場合、このころまでに性別を判別できます。
10か月　生まれてくるためのすべての準備が整います。

⑧　おなかの中の赤ちゃんを見てみましょう。慣れないとちょっと見づらいかもしれませんが、よーく見てください。赤ちゃんがあくびをしたり、手を動かしたりしているのがわかりますか。男の子か女の子かもわかりますよ。皆さんもこうしてお母さんのおなかの中で守られながら、生まれる準備をしていたのです。

⑨　いよいよお母さんのおなかから出て自分で呼吸できる準備が整うと、赤ちゃんは体を回転させながらお母さんと協力して、子宮口から出てきます。

⑩　生まれたばかりの赤ちゃんは、身長約50cm、体重約3000g、頭頂部の前部分に骨と骨の隙間「大泉門」があります。首は3か月ぐらいまではぐらぐらしています。ミルクを飲むことも、トイレに行くことも、お風呂に入ることも、一人ではできません。

⑪　最初は何もできず、泣くことしかできないけれど、赤ちゃんはみんなからお世話を受け、育てられ、学びながら人間として成長していくのです。

⑫　こうして皆さんは生まれてきたんですね。だからそれだけでどの命も素晴らしいのです。

「生命の誕生」ワークシート

___年 ___組　名前 _____

1　当てはまるものに○をつけましょう。

　①赤ちゃんがどうやって生まれてくるのかについてわかりましたか？

　[　　　わかった　　　だいたいわかった　　　わからなかった　　　]

　②赤ちゃんが無事に生まれて育つためには、どんなことが必要かを考えてみましょう。

[

]

2　☐の中に当てはまる言葉を書きましょう。

　①性行為で、女性の膣に射精された ☐☐☐ のうち、たった1つが、女性の ☐☐☐ の中に入り込むと、☐☐☐ となります。

　② ☐☐☐ が卵管から ☐☐☐ に運ばれ、子宮内膜に ☐☐☐ すると ☐☐☐ が成立します。

　③赤ちゃんは、排卵から約 ☐☐☐ 日、約 ☐☐☐ か月を経て生まれてきます。

　④子宮にいる赤ちゃんは、☐☐☐ でつながった ☐☐☐ を通して酸素や栄養の交換を行います。

3　感想や質問を書きましょう。

[

]

「生命の誕生」ワークシート解説

___ 年 ___ 組　名前 _____

1　当てはまるものに○をつけましょう。
　①赤ちゃんがどうやって生まれてくるのかについて
　　わかりましたか？　　　　　　　　　　　　　　　　　◀ 関心・意欲・態度
　[　　わかった　　だいたいわかった　　わからなかった　]
　②赤ちゃんが無事に生まれて育つためには、どんなことが必要かを考えてみ
　　ましょう。　　　　　　　　　　　　　　　　　　　　◀ 思考・判断

　[
　
　
　
　]

2　□□□ の中に当てはまる言葉を書きましょう。　　　　◀ 知識・理解
　①性行為で、女性の膣に射精された [精子] のうち、たった１つが、
　　女性の [卵子] の中に入り込むと、[受精卵] となります。
　②[受精卵] が卵管から [子宮] に運ばれ、
　　子宮内膜に [着床] すると [妊娠] が成立します。
　③赤ちゃんは、排卵から約 [280] 日、約 [10] か月を経て生まれて
　　きます。
　④子宮にいる赤ちゃんは、[臍帯（へその緒）] でつながった [胎盤] を
　　通して酸素や栄養の交換を行います。

指導する際のポイント

　男性の精子が日々作られるのに対して、女性の卵子は生まれたときに既に体内にあり、減ることはあっても増えることはありません。年齢を経るに従って、卵子自体も老化し、妊娠も難しくなる、ということが最近言われるようになりました。世間では、高度な医療によって、何歳になっても妊娠・出産ができると思われていた節もありましたが、これからの子どもたちには、卵子の老化などについてもきちんと教えなくてはならないでしょう。

性行動をどう考える？

※シナリオは P66〜67 をご参照ください

① 性行動をどう考える？

② 異性を意識し始める思春期
- 幼稚園、小学校低学年
- 小学校中学年〜
- 小学校高学年〜
- 中学生、高校生

③ 男女の性意識の違い

「異性と親しくしたい」という交友欲に違いはないが、「異性の体に触りたい」という接触欲は男性の方が高い傾向がある

④ どういう人生を生きたい？

⑤ 性交経験率の推移

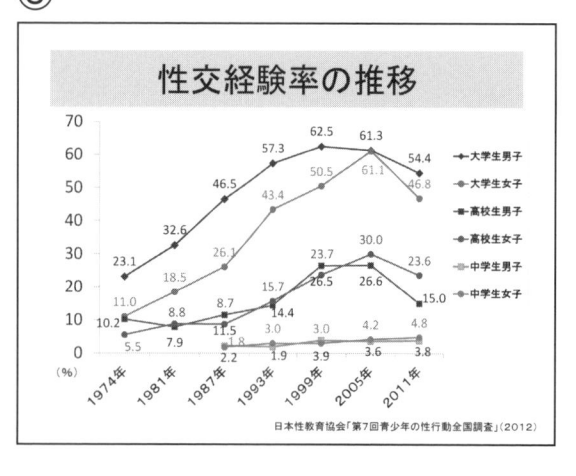

日本性教育協会「第7回青少年の性行動全国調査」(2012)

⑥ 性感染症報告数の推移

厚生労働省「性感染症報告数」より作成

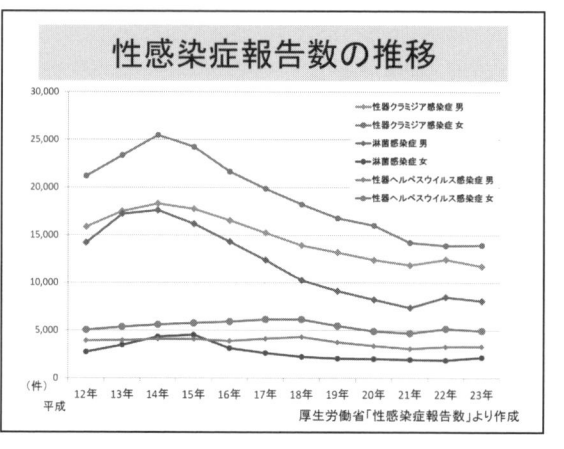

⑦ 軽い気持ちでの性行為から望まない妊娠→中絶も

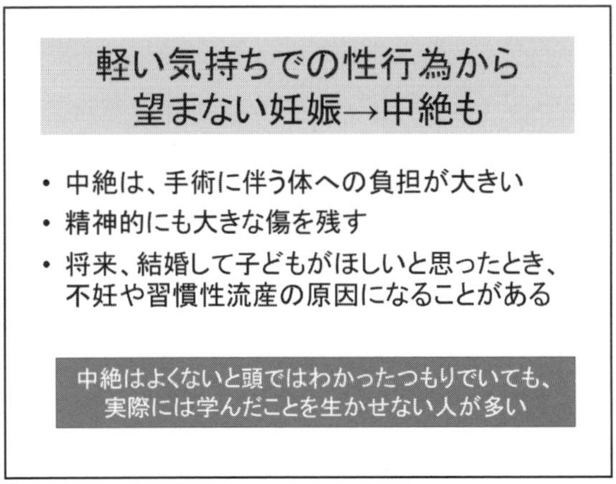

- 中絶は、手術に伴う体への負担が大きい
- 精神的にも大きな傷を残す
- 将来、結婚して子どもがほしいと思ったとき、不妊や習慣性流産の原因になることがある

中絶はよくないと頭ではわかったつもりでいても、実際には学んだことを生かせない人が多い

⑧ 妊娠と人工妊娠中絶

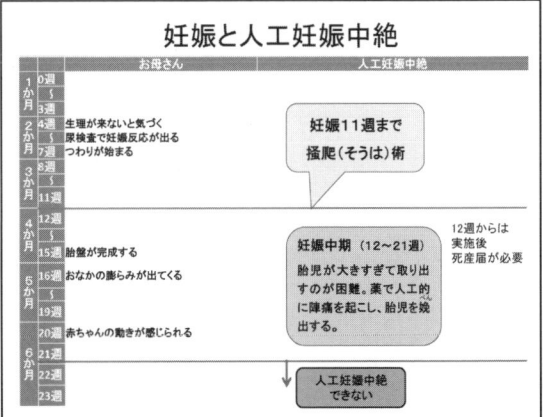

		お母さん	人工妊娠中絶
1か月	0週～3週		
2か月	4週～7週	生理が来ないと気づく 尿検査で妊娠反応が出る つわりが始まる	妊娠11週まで 掻爬(そうは)術
3か月	8週～11週		
4か月	12週～15週	胎盤が完成する	妊娠中期(12～21週) 胎児が大きすぎて取り出すのが困難。薬で人工的に陣痛を起こし、胎児を娩出する。 12週からは実施後死産届が必要
5か月	16週～19週	おなかの膨らみが出てくる	
6か月	20週～23週	赤ちゃんの動きが感じられる	人工妊娠中絶できない

⑨ 年齢階級別にみた人工妊娠中絶実施率
(年齢階級別女子人口千対)平成23年度

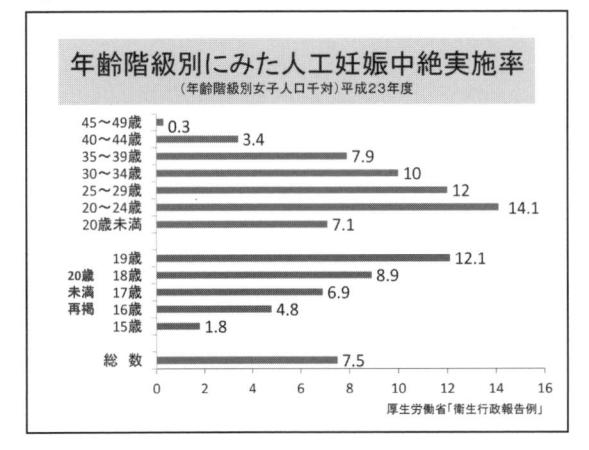

- 45～49歳: 0.3
- 40～44歳: 3.4
- 35～39歳: 7.9
- 30～34歳: 10
- 25～29歳: 12
- 20～24歳: 14.1
- 20歳未満: 7.1

20歳未満再掲
- 19歳: 12.1
- 18歳: 8.9
- 17歳: 6.9
- 16歳: 4.8
- 15歳: 1.8

総数: 7.5

厚生労働省「衛生行政報告例」

⑩ 性行動は人生設計に直結

⑪ 避妊方法を学ぼう

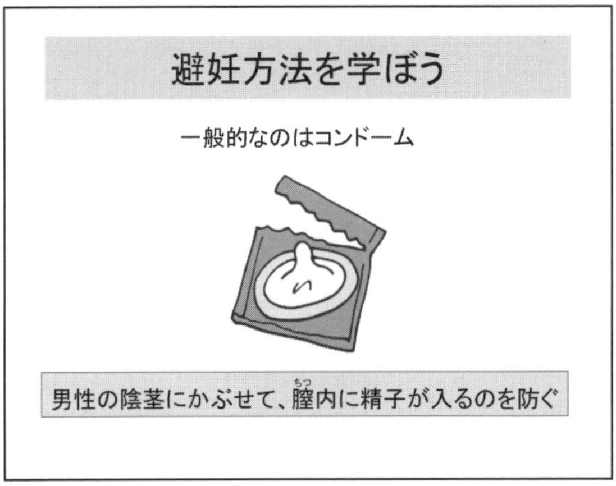

一般的なのはコンドーム

男性の陰茎にかぶせて、膣内に精子が入るのを防ぐ

⑫ 性行動＝自分の生き方

自分を大切にすること ＝ 人を大切にすること

性行動をどう考える？
～シナリオ～

① 今日は、性行動（セックス）について考えたいと思います。皆さんの年代は二次性徴がみられるようになる時期です。二次性徴とは、成長期に形成される性の特徴で、生殖能力を持つようになるということです。生殖能力とは、子どもを産む力のことです。今日、考えたいことは、子どもを産む能力ができたからすぐに子どもを産んで大丈夫か、ということです。それでは考えていきましょう。

② 幼稚園、小学校低学年ぐらいはあまり男女を意識せず、男女一緒に遊ぶことが多いようです。そしてだんだんと男子は男子同士、女子は女子同士でそれぞれに分かれて遊ぶようになり、やがて小学校高学年ぐらいになると、お互いを意識し些細なことで対立することも多くなります。思春期になると、体だけでなく心も大きく変化し始め、自分の容姿を気にしたり、おしゃれをしたりして、異性を意識するようになります。

③ 思春期になると異性に対する関心が高くなりますが、男女の性意識には少し差があるようです。高校生を対象にした調査では、「異性と親しくしたい」という交友の欲求は男女にそれほど違いはありませんでしたが、「異性の体に触りたい」という接触の欲求は男性の方が高い傾向があることがわかりました（東京都高等学校性教育研究会による調査、1999年）。もちろん個人差も大きいですが、こうした性差もあることをお互いがしっかりと理解していくことが大切です。

④ 皆さんはこれから進学したり、就職したり、結婚したり、子どもを持ったりすることもあるでしょう。もちろん結婚しない、子どもを持たないなど、いろいろな選択肢があります。「子どもを持つ」というのは、かなり大きな出来事で、人生を大きく変えていくものです。そして、性行動はその始まりとなるものです。自分の人生だけでなく、相手の人生、そして何より子どもの人生に大きな影響を与えていくものです。

⑤ さてここで、中学、高校、大学生の性交経験率の推移を見てみましょう。高校生、大学生では男女ともに近年減少傾向ですが、中学生では、数値は低いものの、男女ともにわずかですが増加しています。

⑥ 性行為により感染する病気を性感染症といいます。性行為をするということは、さまざまな性感染症に感染するリスクが生じるということでもあります。
性感染症には性器クラミジア感染症、淋菌感染症、性器ヘルペス、梅毒、尖圭コンジローマ、性器カンジダ症、腟トリコモナス症、毛ジラミ、HIV（ヒト免疫不全ウイルス）などがあります。性感染症報告数の年次推移を見てみると、性器クラミジア感染症は女性に多く、男性も女性より数は少ないもののたくさん報告されています。淋菌感染症は男性には自覚症状が強く出るためか、最近では女性の4倍近くも多く報告されています。

> 一般的な学校を想定して作っていますので、
> 各学校の状況に応じて変更してお使いください

⑦　もう一つ、性行為によるリスクとして望まない妊娠による人工妊娠中絶があります。中絶は手術に伴う女性の体への負担も大きく、精神的にも大きな傷を残します。また、将来結婚して子どもがほしいと思ったとき、不妊や習慣性流産の原因になることがあります。「中絶はよくない」と頭ではわかったつもりでいても、実際には学んだことを生かせない人が大勢います。

⑧　人工妊娠中絶とは妊娠22週未満に胎児とその付属物（胎盤など）を人工的に母体外に除去することで妊娠を中断させることですが、12週以降になると人工的に陣痛を起こして胎児を娩出しなければなりません。生理が来ないことに気づかずにいると11週まではあっという間です。

　　実施するには同意書（本人と配偶者か相手の男性）が必要で、費用は通常自費です。12週からは実施後死産届が必要です。22週以降になると中絶できなくなります。

⑨　日本における1年間の人工妊娠中絶数は20万人を越えており、そのうち20歳未満で年間約2万件の人工妊娠中絶が行われているのです。すごい数だと思いませんか？

　　では、なぜ中絶したのでしょうか？　あるアンケートによると、「収入が少なくて育てられない」、「若すぎる」、「未婚のため」などがあります。この結果から見えてくるのは、「思ってもみない妊娠だった」ということではないかと思います。子どもができたということは、本来はとても喜ばしくお祝いすべきことであるはずなのに、時期が早すぎたために、産めないということがあるのです。

⑩　子どもが産まれると、環境が大きく変わります。自分のことよりも子どもが優先な時期が当分続きます。まだまだやりたいことがあるときに、思いがけず妊娠してしまったら、後悔するかもしれません。興味本位での性行動で、自分や相手の一生を左右させてしまうのではなく、性行動は自分の意思でコントロールすることが大事です。

⑪　望まない妊娠をしないためには避妊方法を知ることが大切です。日本で一般的なのはコンドームを使用することです。コンドームは性感染症を防ぐためにも有効です。避妊についても完璧ではありませんが、正しく使用すればかなり有効です。しかし破れたり、着け方が悪かったりして、確実ではないこともあるので注意が必要です。

⑫　性行為は命のバトンをつなげる行為でもありますが、未成熟な人が無知のまま遊び半分でするには危険がいっぱいです。無知であったり、「自分には関係ない」「自分は大丈夫」という考えが、若者の性感染症や、人工妊娠中絶を増加させています。興味本位の性行動で妊娠してしまったり、性感染症にかかったりして、後悔する可能性があります。性行動は自分の生き方といえます。まだまだ若い皆さんは、何かあってもやり直しもできますが、自分でしっかり考えて行動を選択していきましょう。

「性行動をどう考える？」ワークシート

___年___組　名前_____

1　当てはまるものに〇をつけましょう。
　①性行動が人生に与える影響について考えることができましたか？
　[　　　　できた　　　　だいたいできた　　　　できなかった　　　]
　②性行動によって後悔することなく、人生を豊かにしていくためには何が大切かを、考えてみましょう。

[

]

2　☐の中に当てはまる言葉を書きましょう。
　①男女の☐☐☐には差があり、異性と親しくなりたい欲求は男女とも同様ですが、接触欲は男性の方が高いという調査結果があります。
　②性行為をするということは☐☐☐に感染するリスクと、望んでいない☐☐☐というリスクがあります。
　③人工妊娠中絶は、妊娠☐☐週未満に行える手術で、☐☐週以降になると、人工的に☐☐☐を起こして娩出しなくてはなりません。
　④望まない妊娠と、性感染症を防ぐため、性行為の際に男性が☐☐☐を使用するとかなりの効果がありますが、完全ではありません。

3　感想や質問を書きましょう。

[

]

「性行動をどう考える？」ワークシート解説

___ 年 ___ 組　名前 _____

1　当てはまるものに○をつけましょう。
　①性行動が人生に与える影響について考えることができましたか？　◀ 関心・意欲・態度
　[　　　できた　　　だいたいできた　　　できなかった　　　]
　②性行動によって後悔することなく、人生を豊かにしていくためには何が大切かを、考えてみましょう。　◀ 思考・判断

　[
　
　
　]

2　⬜　の中に当てはまる言葉を書きましょう。　◀ 知識・理解
　①男女の 「性意識」 には差があり、異性と親しくなりたい欲求は男女とも同様ですが、接触欲は男性の方が高いという調査結果があります。
　②性行為をするということは 「性感染症」 に感染するリスクと、望んでいない 「妊娠」 というリスクがあります。
　③人工妊娠中絶は、妊娠 「22」 週未満に行える手術で、「12」 週以降になると、人工的に 「陣痛」 を起こして娩出しなくてはなりません。
　④望まない妊娠と、性感染症を防ぐため、性行為の際に男性が 「コンドーム」 を使用するとかなりの効果がありますが、完全ではありません。

指導する際のポイント

　2011年度の20歳未満の出生数は13,318件、中絶件数は20,903件で中絶率は61.1％とのことです（厚生労働省 衛生行政報告例と人口動態統計から算出）。全体の中絶率は16.1％で6人に1人が中絶をしている計算になりますが、20歳未満においては半数以上、実に6割が中絶を選択しています。こうした中絶も、十分な性教育がなされていたら、未然に防げたものも多くあったのではないかと考えられます。

MEMO

4章

感染症対策

感染症予防のために

※シナリオはP74〜75をご参照ください

① 感染症予防のために

② 学校において予防すべき感染症

第一種	エボラ出血熱、クリミア・コンゴ出血熱、痘そう、南米出血熱、ペスト、マールブルグ病、ラッサ熱、急性灰白髄炎、ジフテリア、重症急性呼吸器症候群（SARSコロナウイルス）、鳥インフルエンザ（H5N1）
第二種	インフルエンザ、百日ぜき、麻しん、流行性耳下腺炎、風しん、水痘、咽頭結膜熱、結核、髄膜炎菌性髄膜炎
第三種	コレラ、細菌性赤痢、腸管出血性大腸菌感染症（O157など）、腸チフス、パラチフス、流行性角結膜炎、急性出血性結膜炎、その他の感染症

③ 感染から発病へ

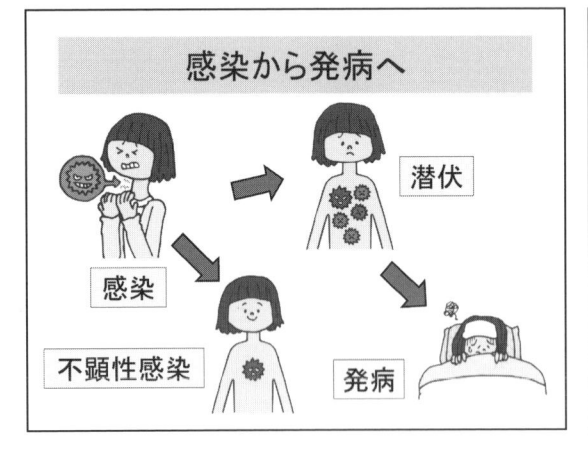

感染 → 潜伏 → 発病
不顕性感染

④ 感染症の感染経路

飛沫感染
接触感染
空気感染
経口感染

⑤ 感染症予防の3原則

①感染源の除去
②感染経路の遮断
（手洗い、うがい、マスク）

⑥ 感染症予防の3原則

③抵抗力を高める
（栄養、運動、休息）

⑦
かぜとインフルエンザの違い

かぜの特徴
- ライノウイルスや、アデノウイルスなどが原因
- 発症は緩やか
- 37〜38℃未満の熱
- くしゃみ、鼻水、喉の痛みなど
- 合併症は少ない

⑧
かぜとインフルエンザの違い

インフルエンザの特徴
- インフルエンザウイルスが原因
- 発症は急激
- 38℃以上の高熱
- 足腰や関節などの強い痛み、悪寒など
- 気管支肺炎など合併症も

⑨
飛沫（しぶき）ってどれくらい飛ぶの？

- 飛沫は約2m飛ぶ
- せきで約3m飛ぶことも
- くしゃみは約5m飛ぶことも

⑩
ウイルスの変化と免疫

インフルエンザウイルスに一度感染すると免疫ができる

ウイルスも変化していく

⑪
インフルエンザの予防

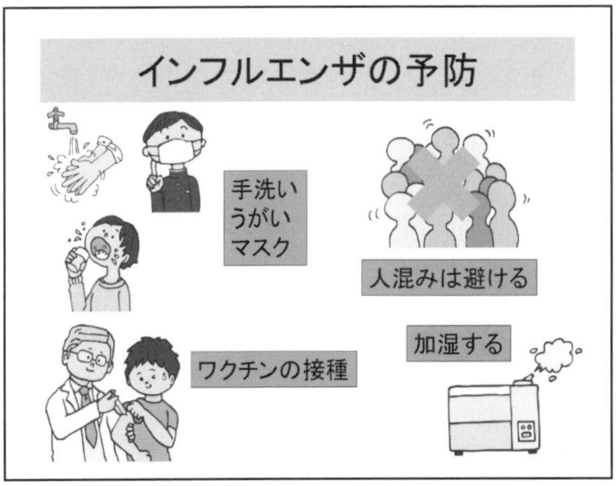

- 手洗いうがいマスク
- 人混みは避ける
- ワクチンの接種
- 加湿する

⑫
せきエチケット

- マスクを着用する。せきをしている人にマスクの着用を促す。
- 鼻水、たんなどを含んだティッシュはすぐにふた付きのごみ箱に捨てる。
- せき、くしゃみの際はティッシュなどで口と鼻を押さえ、ほかの人から顔をそむける。

感染症予防のために
～シナリオ～

① 今日は感染症について勉強します。感染症は、人が細菌、ウイルス、寄生虫などに「感染」して発症する病気です。

② 学校は、集団で生活する場所であるため感染症が流行しやすい状況にあります。
そこで法律では「学校において予防すべき感染症」として、表のように３種類に分類されています。

③ 病原体が、口や鼻の粘膜、傷口などから入り込み、定着して増殖した状態を「感染」といいます。侵入した病原体は、すぐに症状を引き起こすわけではなく、増殖しながら体内で「潜伏」します。潜伏期間は病原体によって違いがあり、それぞれの期間を経て、症状が出てきます。そこで初めて「発病」したことになります。また、感染しても症状が出ないこともあり、これを「不顕性感染」といいます。この、症状の自覚がないのに、病原体を保持した状態である人を保菌者（キャリア）と呼びます。発病前の保菌者も感染源となりますが、何しろ症状が出ないので気がつきにくく、知らないうちに人にうつしてしまうことがあるので注意が必要です。

④ 感染症の感染経路は主に４つあります。飛沫(まつ)感染は、患者がせきやくしゃみをしたときのしぶきに含まれる病原体を、周囲の人が吸い込むことで感染します。接触感染は、感染している人に直接接触（キスなど）したり、病原体が付着した物を介して間接的に接触（ドアノブを触った手で口に触れるなど）したりすることによる感染です。飛沫感染、接触感染によってうつる感染症には、インフルエンザ、かぜなどがあります。空気感染は、患者のせきやくしゃみなどによって空気中に出た病原体が長時間空気中に漂い、それを吸い込むことによって感染します。結核、麻疹などです。経口感染は、病原体によって汚染された水や食品を口にしたり、患者の排便処理後の手洗いの不備によって病原体が付着した食品や物を口にしたりして感染します。ノロウイルスなどです。

⑤ 感染症予防の３原則を紹介します。１つ目は感染源の除去です。ウイルス、細菌などの病原体が繁殖しないように、生活環境を清潔に保つことや食品の衛生管理に気をつけることが大切です。２つ目は、感染経路の遮断です。手洗い、うがい、せきエチケット（マスク）を面倒がらずに実行しましょう。空気感染、飛沫感染にはマスクをすること、接触感染には手洗いをすることが、予防のために有効だといわれています。

⑥ 感染症予防３原則の３つ目は抵抗力を高めることです。体内に侵入した病原体と戦う力をつけることです。予防接種、バランスがとれた食事、適度な運動、規則正しい生活習慣を心がけ、普段から体力をつけ、病原体に対する抵抗力を高めておきましょう。

⑦ かぜは、鼻、喉、気管などの呼吸器にさまざまな病原体が感染して起こる急性炎症の

　　　　　　　　　　　　　　　　　　| 一般的な学校を想定して作っていますので、
　　　　　　　　　　　　　　　　　　| 各学校の状況に応じて変更してお使いください |

見られる病気の総称で、正確には「かぜ症候群」といいます。病原体のほとんどは、ライノウイルス、アデノウイルスなどのウイルスです。病原体は違っても、症状はだいたい似ています。37～38℃未満の熱が出て、くしゃみ、鼻水、喉の痛み、せきなどの呼吸器の症状があります。

⑧　インフルエンザは、インフルエンザにかかった人のせき、くしゃみなどの飛沫とともに放出されたインフルエンザウイルスを、喉や鼻から吸い込むことによって感染します。伝染性が非常に強く、あっという間に人から人へうつり、広い範囲で流行します。インフルエンザにかかった人が無理をして学校へ行くと、急速に感染を広めてしまうことになります。かぜとは違い症状が激しく、38℃以上の高熱、関節の痛みがあり、合併症を起こすこともあります。また、インフルエンザに感染した人は、解熱後もウイルスを排出している可能性があるため、出席停止期間は、「発症した後5日を経過し、かつ、解熱をした後2日を経過するまで」と決められています。

⑨　かぜやインフルエンザに感染するとせきやくしゃみが出ますが、その飛沫はせきで約2～3ｍ、くしゃみで約5ｍ飛ぶともいわれています。

⑩　一度インフルエンザに感染すると、人間の体にはそのウイルスに対する免疫（抵抗力）ができ、次にそのインフルエンザウイルスにかかりにくくなります。それでも、毎年インフルエンザが流行するのはなぜでしょう。それはウイルスが少しずつ変化していくからです。

　新型のインフルエンザが警戒されている理由は2つあります。1つ目は、多くの人が免疫を持っていないため、短期間にたくさんの患者が出てしまう可能性が予想されること。2つ目は、今までのインフルエンザよりウイルスが毒性の強いものに変化して症状が重症化する可能性があるからです。

⑪　インフルエンザの予防の基本は、手洗い、うがい、マスクです。そしてインフルエンザが流行してきたら、疲れ気味、睡眠不足の人は、抵抗力が弱まっているので、人混みや繁華街への外出は控えた方がよいでしょう。またできればインフルエンザのワクチンも接種しておくとよいでしょう。

　さらに空気が乾燥すると、喉や鼻の粘膜の防御機能が低下するためインフルエンザにかかりやすくなります。外出時にはマスクを着用したり、室内では加湿器などを使って適度な湿度（50～60％）を保つようにしましょう。

⑫　せきやくしゃみなどの症状がある人は、特に、周りの人へうつさないために、マスクを着用することが重要です。せきをするときはティッシュなどで口と鼻を押さえ、ほかの人から顔をそむけましょう。これをせきエチケットといいます。

「感染症予防のために」ワークシート

___年___組　名前_____

1　当てはまるものに○をつけましょう。
　①感染症予防の重要性について考えることができましたか？
　[　　　できた　　　だいたいできた　　　できなかった　　]
　②感染症にかからないために、あなたにできる予防法を６つ書いてみましょう。

2　☐の中に当てはまる言葉を書きましょう。
　①病原体が口、鼻などの粘膜や傷口から、体内に入り込み、増殖した状態を☐といいます。
　②病原体に感染してから発病するまでの期間を☐期間といいます。
　③感染症の経路には、大きく分けて☐感染、☐感染、☐感染、☐感染の４つがあります。
　④感染症予防の３原則は、感染源の☐、感染経路の☐、☐を高めることです。
　⑤インフルエンザウイルスに一度感染すると、☐ができるため、次にそのインフルエンザウイルスにかかりにくくなります。それでも毎年流行する理由は、ウイルスが☐するからです。
　⑥インフルエンザ予防の基本は、☐、☐、☐です。

3　感想や質問を書きましょう。

「感染症予防のために」ワークシート解説

___ 年 ___ 組　名前 _____

1　当てはまるものに○をつけましょう。

①感染症予防の重要性について考えることができましたか？　　◀ 関心・意欲・態度

[　　できた　　　だいたいできた　　　できなかった　　]

②感染症にかからないために、あなたにできる予防法を6つ書いてみましょう。　　◀ 思考・判断

2　□ の中に当てはまる言葉を書きましょう。　　◀ 知識・理解

①病原体が口、鼻などの粘膜や傷口から、体内に入り込み、増殖した状態を [感染] といいます。

②病原体に感染してから発病するまでの期間を [潜伏] 期間といいます。

③感染症の経路には、大きく分けて [飛沫] 感染、[接触] 感染、[空気] 感染、[経口] 感染の4つがあります。

④感染症予防の3原則は、感染源の [除去]、感染経路の [遮断]、[抵抗力] を高めることです。

⑤インフルエンザウイルスに一度感染すると、[免疫] ができるため、次にそのインフルエンザウイルスにかかりにくくなります。それでも毎年流行する理由は、ウイルスが [変化] するからです。

⑥インフルエンザ予防の基本は、[手洗い]、[うがい]、[マスク] です。

指導する際のポイント

　日本ではかぜ予防に手洗いやうがいをするのが常識ですが、海外ではうがいをする習慣はないようです。また、冬になると、日本には予防も含めて、マスクをする人が増えます。これも外国人の目には奇異にうつることもあるようです。しかし、日本における乳幼児の死亡率の低さや平均寿命の長さなどは、こうした各自が行う行為が衛生的な環境をつくり出した結果とも考えられるのではないでしょうか。

さまざまな性感染症

※シナリオは P80〜81 をご参照ください

①
さまざまな性感染症

②
性感染症（STD、STI）とは？

・性行為によりウイルスや細菌に感染して起こる病気のこと
　エイズも性感染症の一つ

・たった一度の性行為でも、感染する可能性がある

③
10代 性感染症定点報告年次推移

（凡例）
- 性器クラミジア感染症
- 淋菌感染症
- 性器ヘルペスウイルス感染症
- 尖圭コンジローマ

（横軸：平成12年〜平成23年、縦軸：0〜8000人）

厚生労働省「性感染症報告数」より作成

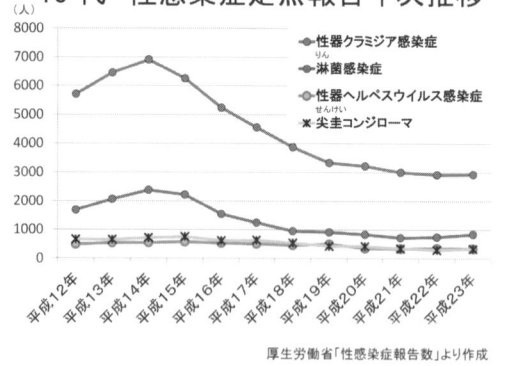

④
性器クラミジア感染症

・病原体：クラミジア・トラコマティス
・10代〜20代で一番多い性感染症

男性：
・男性は尿道に炎症、少量のうみも
・自覚症状のある人は半分くらい
・不妊の原因にも

女性：
・女性の場合、約80％に自覚症状が無く、おりものが出る程度
・不妊の原因になる

⑤
淋菌感染症（淋病）

・病原体：淋菌
・クラミジアに続いて、感染者が多い

男性：
・男性は尿道からうみが出て、激しい痛みがある
・精巣が腫れて熱が出る
・不妊の原因にも

女性：
・女性は症状が軽く、無症状なことも
・進行すると腹膜炎も
・不妊の原因にも

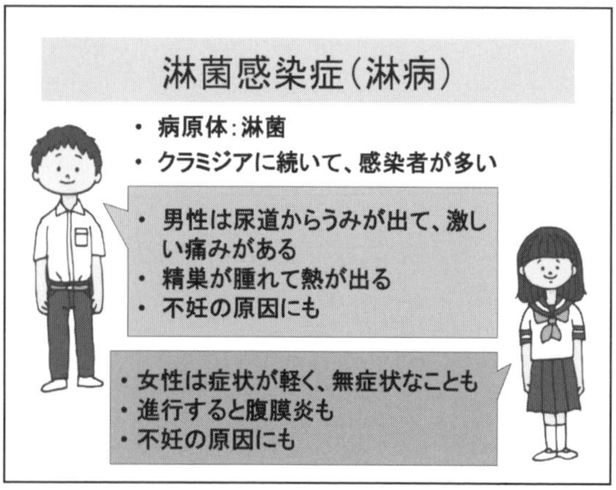

⑥
性器ヘルペスウイルス感染症

病原体：単純ヘルペスウイルス2型

・男女とも性器やその周辺の痛み、かゆみ、水ぶくれなど
・排尿時の激しい痛みや発熱
・再発しやすい
・症状が出ないことも

⑦ 尖圭コンジローマ

病原体：ヒトパピローマウイルス

- 性器やその周辺に先のとがったいぼがいくつもできる
- まれにかゆみや痛みを感じることがある

⑧ 梅毒とは？

病原体：梅毒トレポネーマ

- 症状は4段階（第1期～第4期）に分けられる
- 男女とも性器などにしこり、3か月後ぐらいから体の至るところに赤い斑点ができる
- 放置すると、内臓や脳までおかされる

母子感染をする恐れがある

⑨ エイズ AIDS

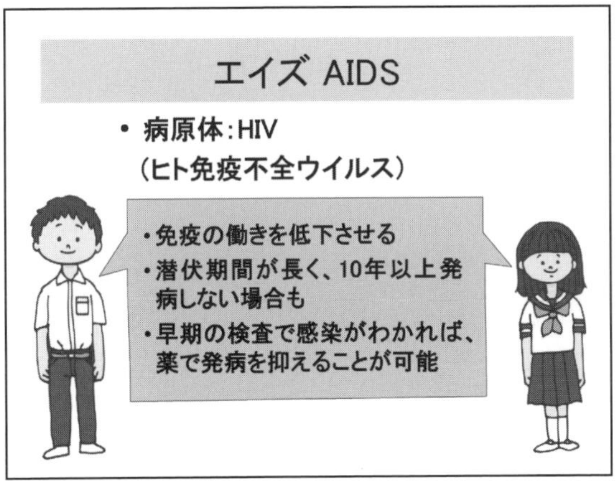

- 病原体：HIV（ヒト免疫不全ウイルス）
- 免疫の働きを低下させる
- 潜伏期間が長く、10年以上発病しない場合も
- 早期の検査で感染がわかれば、薬で発病を抑えることが可能

⑩ 性感染症の予防　性感染症の特徴を理解する

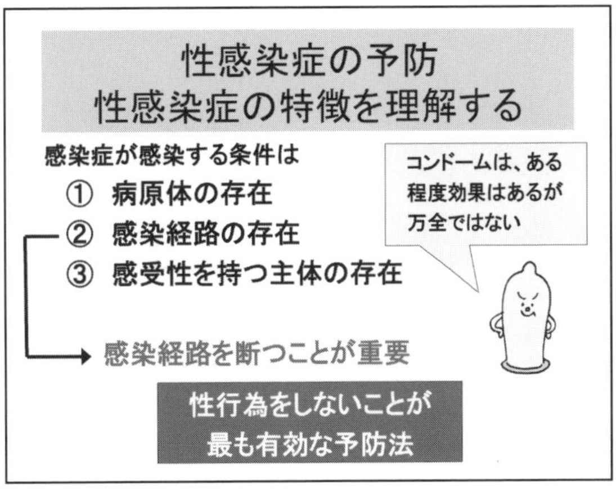

感染症が感染する条件は
① 病原体の存在
② 感染経路の存在
③ 感受性を持つ主体の存在

→ 感染経路を断つことが重要

コンドームは、ある程度効果はあるが万全ではない

性行為をしないことが最も有効な予防法

⑪ 心配なときは検査を受けよう

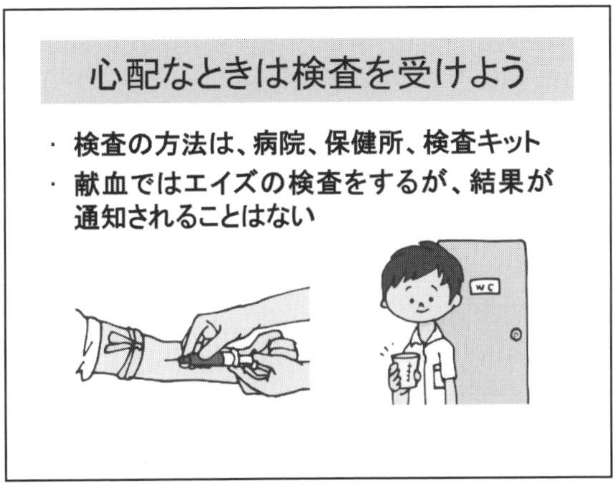

- 検査の方法は、病院、保健所、検査キット
- 献血ではエイズの検査をするが、結果が通知されることはない

⑫ 無防備な性行為は危険

- 望まない妊娠、性感染症に感染する危険性がある
- こうしたことに責任がとれるのかをしっかり考えよう

さまざまな性感染症
～シナリオ～

① 性行為（性器粘膜の接触など）によりウイルスや細菌に感染して起こる病気を「性感染症」といいます。性感染症には自覚症状がないものもあり、知らない間に感染を広げていることもあります。性感染症は不妊やさまざまな病気の原因になることもあるので、今のうちにしっかり知識を得ることが大切です。

② 性感染症は、STD（Sexually Transmitted Diseases）、STI（Sexually Transmitted Infections）とも呼ばれます。性器クラミジア感染症、淋菌（りん）感染症、性器ヘルペスウイルス感染症、尖圭（せんけい）コンジローマ、梅毒、HIV（ヒト免疫不全ウイルス）感染症などがあります。性感染症は、たった一度の性行為でも感染する可能性があります。性器だけでなく、肛門や口からの感染もあります。

③ 性器クラミジア感染症、淋菌感染症など、全体の罹（り）患率でみると、平成14年度をピークに減少してきています。しかし、10代～20代の年齢だけでみてみると、感染者は最近再び増加傾向にあるのです。

④ 性器クラミジア感染症は、クラミジア・トラコマティスという病原体が原因で起こります。
　男性は尿道に炎症を起こし（尿道炎）、尿道から少量のうみが出ます。精巣に入り込み炎症を起こすと不妊の原因となることもあります。男性で自覚症状がある人は半分ぐらいです。
　女性では、約80％に自覚症状が無く、おりものの増加が見られる程度です。しかし、クラミジアは、卵巣のまわりをクモの巣のようにくっつけてしまったり、卵管に炎症を起こすと、卵巣から子宮に卵子が到達しなかったり、卵管の中で着床したりしてしまい、不妊、子宮外妊娠の原因になることがあります。自覚症状があまりないため、本人も感染していることがわからず、知らずに感染を広げてしまいます。
　特にオーラルセックスによるクラミジア咽頭感染は、さらに自覚症状が薄く、多くの無症候感染者が存在すると考えられています。

⑤ 淋菌感染症は、淋菌が原因で起こります。男性では尿道からうみが出て、排尿時にとても痛みます。精巣が腫れて、熱が出ることもあります。また、不妊の原因になることも少なくありません。女性は自覚症状が無い場合が多く、進行すると腹膜炎を起こし、腹痛で発見されることもあります。うみのようなおりものが出ることもあります。以前は抗生物質で病原体を死滅できましたが、近年耐性菌（薬の効かない菌）が増加し、治りにくい病気になりつつあります。放置すると、不妊の原因になることがあります。

⑥ 性器ヘルペスウイルス感染症は、単純ヘルペスウイルス2型が原因で起こります。男性では亀頭部などに、女性では外陰部に多数の痛みを伴う水ぶくれができます。この水ぶくれは、つぶれて潰瘍となり、排尿時の激しい痛みや発熱を伴います。抗ウイルス剤

で症状は抑えられますが、再発を繰り返します。完治する薬はまだできていません。

⑦　尖圭コンジローマは、ヒトパピローマウイルスが原因で起こります。性器やその周辺に先のとがったいぼがいくつもできます。まれに痛みやかゆみを感じることがありますが、自覚症状がほとんどないので放置しやすい傾向があります。しかし尖圭コンジローマを放置すると、大切なパートナーに感染させる恐れがあります。しかも一度症状が消えても、再発の可能性があります。

⑧　梅毒は、梅毒トレポネーマが原因で起こります。第１期～第４期まで４段階で進行します。はじめは、性器にしこりのような腫れものができますが、自覚症状はほとんどありません。３か月程度たったころ、体の至るところに赤い斑点が現れます。放置して末期症状になると、内臓や脳までおかされます。
　　梅毒は母子感染をする可能性があります。感染すると赤ちゃんの歯に奇形が生じたり、骨の発育不全などが起こったりする場合もあります。昔は不治の病と恐れられていましたが、今は早期治療で完治できます。

⑨　エイズは、HIV（ヒト免疫不全ウイルス）が原因で起こります。HIVは免疫の働きを低下させ、発症するとさまざまな感染症にかかったりします。感染しても潜伏期間が長いため、10年以上発病しないことがあります。現在の医学では早期のHIV検査でエイズ発症前に治療をすれば、エイズの発病を長く抑えることが可能です。

⑩　感染症は、１：病原体が存在する、２：感染経路が存在する　３：感受性を持つ主体が存在する、この３つの要因がそろわなければ成立しません。
　　性行為の際にコンドームを正しく用いることにより、ある程度、性感染症を防ぐことができます。しかし、コンドームを着けたからといって、感染が確実に防げるわけではありません。コンドームを着けても、感染のリスクは少なからずあります。
　　中学生・高校生においては将来に与える悪影響のリスクを考えても、まずは感染経路を断つことが重要です。感染経路を断つということは、性行為をしないことです。

⑪　性感染症を検査する方法としては、病院、保健所、検査キットの３つがあり、血液や尿を調べ、感染を確認します。保健所では無料で検査を受けられます。献血へ行くと、HIVなどの検査がされていますが、献血の検査では結果が本人に通知されることはありません。

⑫　無防備な性行為では妊娠するかもしれません。中学生や高校生が赤ちゃんを育てることは簡単ではありません。また、エイズを含めたさまざまな性感染症にかかるかもしれません。短絡的な性行為で、自分の将来、また相手の将来の可能性まで奪わないようにしましょう。特に男子は性欲をコントロールできるようになることが重要です。

「さまざまな性感染症」ワークシート

＿＿年＿＿組　名前＿＿＿＿＿＿＿＿＿＿＿＿＿＿

1　当てはまるものに○をつけましょう。

①性感染症が将来の健康に与える影響について考えることができましたか？

[　　　できた　　　だいたいできた　　　できなかった　　　]

②性感染症を防ぐためにはどうしたらいいか考えてみましょう。

[　　　　　　　　　　　　　　　　　　　　　　　　　　　　　]

2　☐　の中に当てはまる言葉を書きましょう。

①性感染症には☐がなく、知らない間に感染を広げているものがあります。

②たった☐回の性行為でも感染する可能性があります。

③性器だけでなく、☐や☐からの感染もあります。

④クラミジア・トラコマティスという病原体によって起こる性器☐感染症は、☐の原因になりますが、感染に気づきにくい病気です。

⑤妊婦が☐に感染すると、おなかの赤ちゃんに感染し、骨の発育不全などが起こることがあります。

⑥性感染症を防ぐ方法は、☐の際に☐を正しく使用することですが、万全ではありません。

最も有効な予防法は☐をしないことです。

3　感想や質問を書きましょう。

「さまざまな性感染症」ワークシート解説

___ 年 ___ 組　名前 _____

1 当てはまるものに○をつけましょう。
　①性感染症が将来の健康に与える影響について
　　考えることができましたか？　　　　　　　　　◀ 関心・意欲・態度
　　[　　　できた　　　だいたいできた　　　できなかった　　]
　②性感染症を防ぐためにはどうしたらいいか考えてみましょう。◀ 思考・判断

　[　　　　　　　　　　　　　　　　　　　　　　　　]

2 　□　 の中に当てはまる言葉を書きましょう。　　◀ 知識・理解
　①性感染症には 自覚症状 がなく、知らない間に感染を広げているものがあります。
　②たった 1 回の性行為でも感染する可能性があります。
　③性器だけでなく、 肛門 や 口 からの感染もあります。
　④クラミジア・トラコマティスという病原体によって起こる
　　性器 クラミジア 感染症は、 不妊 の原因になりますが、感染に気づきにくい病気です。
　⑤妊婦が 梅毒 に感染すると、おなかの赤ちゃんに感染し、骨の発育不全などが起こることがあります。
　⑥性感染症を防ぐ方法は、 性行為 の際に コンドーム を正しく使用することですが、万全ではありません。
　　最も有効な予防法は 性行為 をしないことです。

指導する際のポイント

　性感染症で一番の悲劇は、「知識がなかったから、感染すると思わなかった」という状況だと思います。精神的な成熟とは反比例するかのように、身体的な成熟は早まっているようで、性感染症について学ぶ機会も無いままに性行為をしてしまう子どもも少なくないでしょう。「知らなかった」からという悲劇を減らすために、二次性徴が始まった子どもたちには、正確な情報を伝える義務があると考えます。

エイズって何？

※シナリオは P86～87 をご参照ください

① エイズって何？

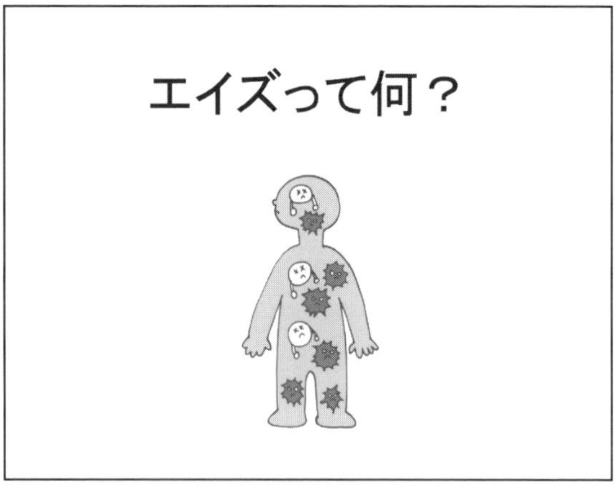

② **AIDS（エイズ）とは？**
Acquired（後天性）
Immuno**d**eficiency（免疫不全）
Syndrome（症候群）

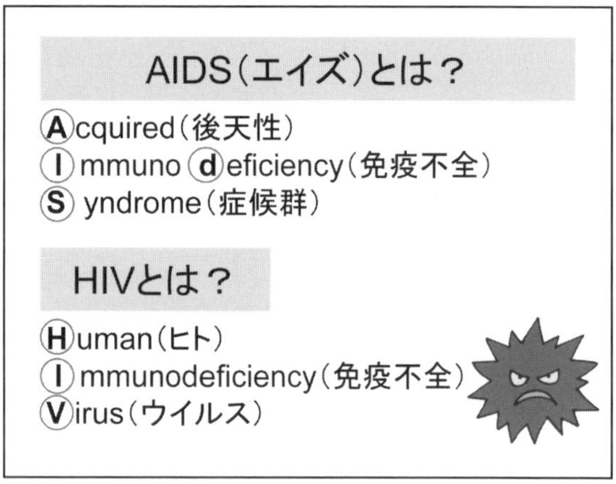

HIVとは？
Human（ヒト）
Immunodeficiency（免疫不全）
Virus（ウイルス）

③ **免疫とは？**

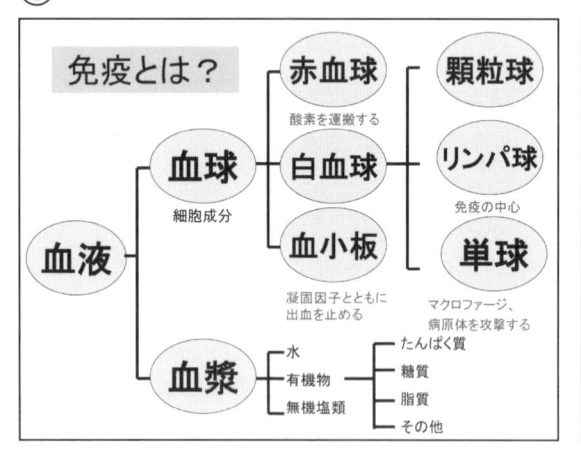

血液
- 血球（細胞成分）
  - 赤血球：酸素を運搬する
  - 白血球
    - 顆粒球
    - リンパ球：免疫の中心
    - 単球：マクロファージ、病原体を攻撃する
  - 血小板：凝固因子とともに出血を止める
- 血漿
  - 水
  - 有機物：たんぱく質、糖質、脂質、その他
  - 無機塩類

④ **HIVに感染すると？**

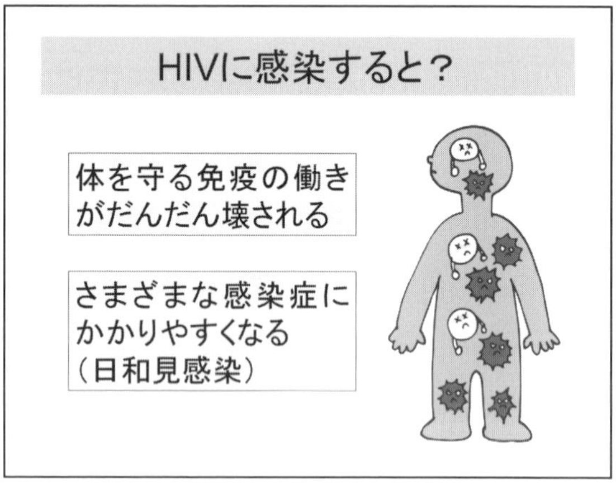

体を守る免疫の働きがだんだん壊される

さまざまな感染症にかかりやすくなる（日和見感染）

⑤ **症状は？**

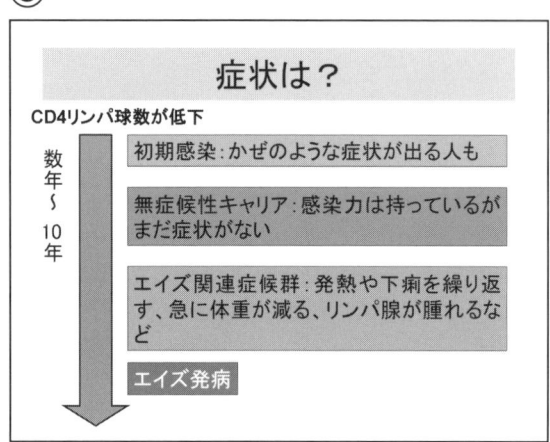

CD4リンパ球数が低下

数年～10年

- 初期感染：かぜのような症状が出る人も
- 無症候性キャリア：感染力は持っているがまだ症状がない
- エイズ関連症候群：発熱や下痢を繰り返す、急に体重が減る、リンパ腺が腫れるなど
- エイズ発病

⑥ **治療は？**

抗HIV薬

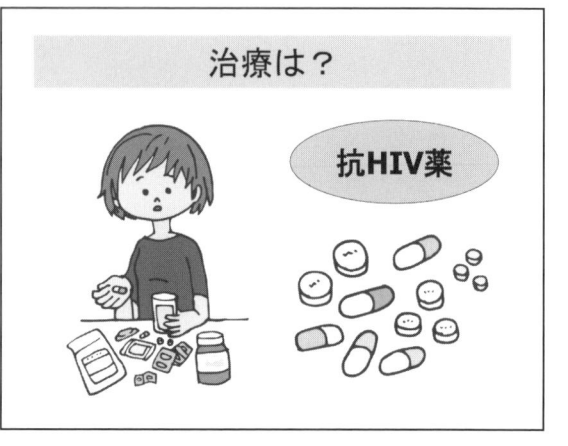

⑦ 感染経路は？

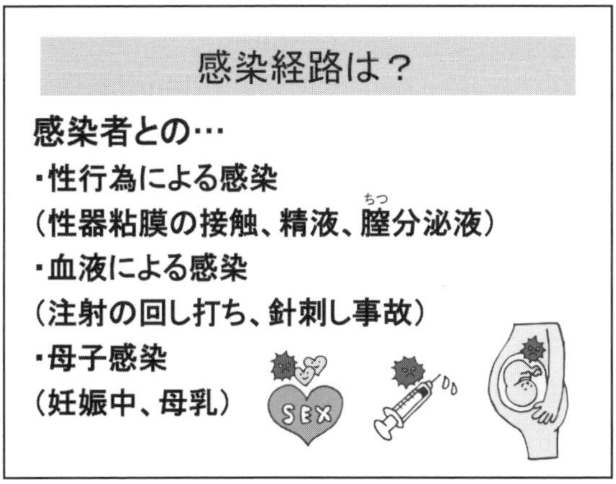

感染者との…
・性行為による感染
　（性器粘膜の接触、精液、膣分泌液）
・血液による感染
　（注射の回し打ち、針刺し事故）
・母子感染
　（妊娠中、母乳）

⑧ HIVの特徴

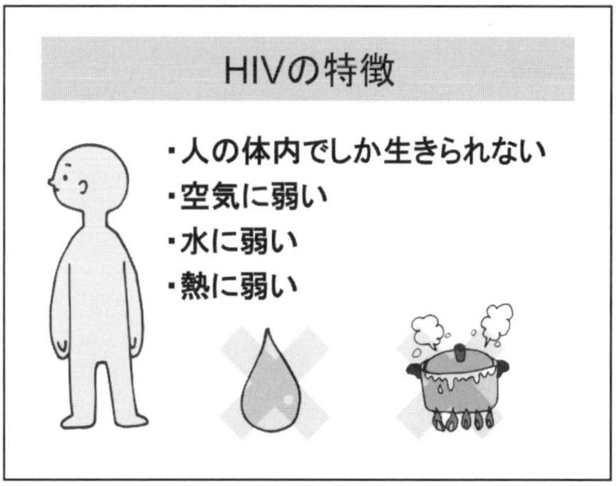

・人の体内でしか生きられない
・空気に弱い
・水に弱い
・熱に弱い

⑨ こんなことでは感染しない

・握手
・タオルの共用
・回し飲み
・プールやお風呂
・せきやくしゃみ

⑩ 日本のHIV感染者・エイズ患者年次推移

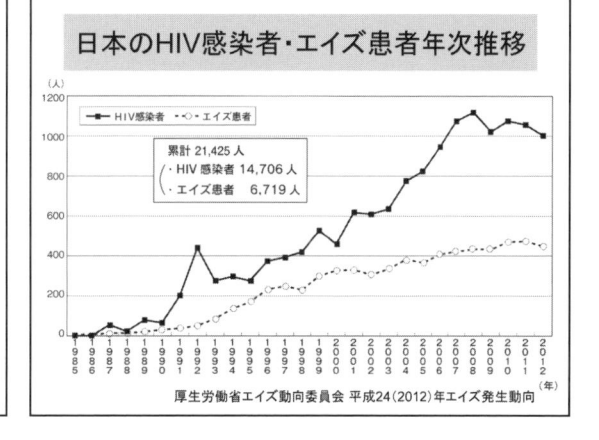

累計 21,425人
・HIV感染者 14,706人
・エイズ患者　6,719人

厚生労働省エイズ動向委員会 平成24(2012)年エイズ発生動向

⑪ なぜ日本は増えている？

誰でも感染する可能性はある

⑫ エイズは怖いけど防げる病気

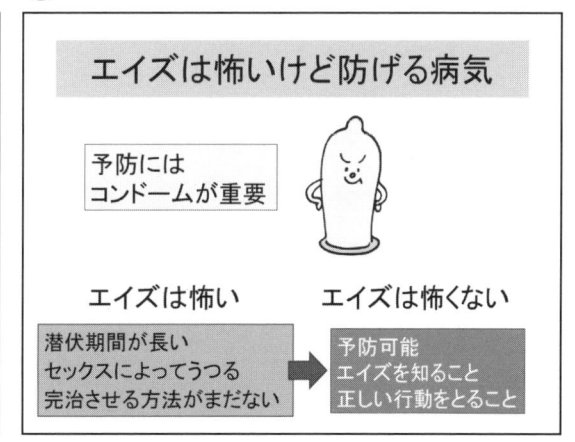

予防には
コンドームが重要

エイズは怖い
潜伏期間が長い
セックスによってうつる
完治させる方法がまだない

→

エイズは怖くない
予防可能
エイズを知ること
正しい行動をとること

エイズって何？
～シナリオ～

① 今日はエイズについて勉強します。世界の先進国でエイズ患者は減少しているにもかかわらず、日本では増加しているといわれます。その原因は何かについて勉強しましょう。

② まず言葉の意味ですが、「エイズ」は日本語で「後天性免疫不全症候群」といわれ、Acquired Immunodeficiency Syndromeの頭文字をとってAIDSと呼ばれています。
　生まれつきではなく後天的に、人の体内にある免疫力（抵抗力）が衰え低下して、いろいろな症状を起こす状態のことをいいます。
　「先天性」免疫不全症候群という病気と区別されます。エイズに感染する原因となるのは、HIV（Human Immunodeficiency Virus）「ヒト免疫不全ウイルス」が体内に入るためです。しかし、感染したからといって、すぐに発病するわけではないのです。

③ 血液の働きを知っていますか？　赤血球は酸素を運び、血小板は出血を止め、白血球はその中の主にリンパ球で免疫の働きをしています。免疫というのは体に侵入した異物や病原体を認識してその攻撃を防ぐ役割を持っています。

④ けれどHIVというウイルスは人のリンパ球に取りついて、その役割（体を守る免疫という働き）をだんだん弱らせてしまうウイルスです。HIVが体内に入って感染し、数年経過すると、抵抗力が弱くなって、健康な人であれば何ともない病原体が原因となり、さまざまな感染症にかかりやすくなります。このことを日和見感染といいます。
　こうした病気が発病した状態を、エイズ（後天性免疫不全症候群）といいます。

⑤ 症状はすぐに出るわけではありません。ウイルスが増えて、免疫の働きがあるCD4リンパ球が減っていき、免疫力が落ちていきます。そして、数年～10年ぐらいして特徴的な症状が現れてきます。感染してから発病するまで長い年月がかかり、その間、症状は無いけれど体内でHIVが増えて、本人も気づかないうちに人にうつしてしまう、無症候性キャリアという期間があるのが特徴です。

⑥ 最近では抗HIV薬も次々に開発されてきましたが、完全に治せる薬はまだできていません。アフリカの後進国などの貧しい国では、薬が買えずに亡くなってしまう人が後を絶ちません。
　しかし日本では、症状が出始める前の早い段階で検査を受けて、エイズ感染がわかり適切な治療を受ければ、たくさんの薬を飲み続けなければならないという困難はありますが、長い間発病を抑えられるようになっています。
　とはいっても、経済的にも精神的にも負担は小さなものではありません。エイズは、みんなが正しい知識を持っていれば、防げる病気です。しっかりと知識を身につけることが大切なのです。

> 一般的な学校を想定して作っていますので、
> 各学校の状況に応じて変更してお使いください

⑦　HIVの感染経路は主に、性行為による感染（性器粘膜の接触、精液、膣分泌液）、血液による感染（注射の回し打ち、針刺し事故）、母子感染（妊娠中、母乳）の３つです。逆にいえば、性行為をしない、他人の血液に触れないことなどが予防になります。

⑧　HIVの弱点は、「人の体内でしか生きられない」「空気に弱い」「水に弱い」「熱に弱い」ことです。こうした弱点を持っていても生き延びることができる場所、それが精液や血液の中です。そのため、精液、血液を介した感染に注意をする必要があります。

⑨　弱点がわかれば、HIVは、普通の生活ではうつらないことが理解できますね。
　　握手をしても、タオルを一緒に使っても、水を回し飲みしても、プールやお風呂に一緒に入っても、せきやくしゃみを近くでされてもうつりません。ですから、周りにHIVに感染した人がいたとしても、普通に生活している限り、感染することは無いのです。

⑩　世界の感染者数の推計は2011年に3400万人になりました。サハラより南のアフリカだけで2350万人に達し、国によっては、働き手がいなくなり経済状況にも大きく影響しているそうです。
　　この図は日本における年別の、HIV感染者（感染のみでエイズ未発病）と、エイズ患者（エイズ発病者）の報告数です。アフリカなどに比較すれば、世界の中では日本は低流行国ですが、先進国で見れば、ほとんどの国で新たな患者数が減っている中、日本ではまだ増加傾向にあります。なぜこのような事態になっているのでしょうか？

⑪　HIVは当初、同性愛の男性間での性行為による感染が多数であったため、「自分は関係ない」という印象をいまだに持っている人がいます。しかし、血液や性液などを介して、誰でも感染する可能性はあるのです。「自分は特定の人としか性行為をしていないから大丈夫」と思っていても、その人が既にどこかで感染しているかもしれません。
　　こうした「自分には関係ない」という無関心からの「知識の無さ」が、日本でいまだに感染者が増え続けている原因と考えられています。

⑫　性行為によるHIV感染を防ぐのに一番効果的なのは、コンドームを使うことです。一生に関わる問題ですから、よく覚えておいてくださいね。
　　HIVはセックスによってうつり、潜伏期間が長く、完治させる方法がまだないから怖い病気です。しかし、エイズは正しい知識を知り、正しい行動をとることで防げるから怖くないともいえます。
　　今日、学んだことをこれからの生活に生かしていきましょう。

「エイズって何?」ワークシート

___ 年 ___ 組　名前 _____

1 当てはまるものに○をつけましょう。
　①エイズについて正しい知識を身につけることができましたか?
　［　　　できた　　　だいたいできた　　　できなかった　　］
　②なぜ、今エイズについて学習することが大切なのでしょうか? 自分の考えを書いてみましょう。

　［　　　　　　　　　　　　　　　　　　　　　　　　　　　　　］

2 ☐ の中に当てはまる言葉を書きましょう。
　①エイズは、生まれつきではなく ☐ 的に、体内の ☐ が衰え低下してさまざまな症状が起こる状態のことをいいます。
　②エイズは、☐ というウイルスに感染することでなりますが、すぐに ☐ するわけではないので、本人が気づかないうちに人にうつしてしまう危険性があります。
　③HIVの感染経路は、感染者との、☐ による粘膜からの感染、☐ からの感染、母子感染の3つです。
　④HIVは、☐ でしか生きられず、☐ ☐ ☐ に弱いという特徴があるため、普通の生活の中ではうつりません。
　⑤性行為によるHIV感染を防ぐ効果的な方法は ☐ を使用することです。

3 感想や質問を書きましょう。

　［　　　　　　　　　　　　　　　　　　　　　　　　　　　　　］

「エイズって何？」ワークシート解説

   年   組 名前 _____

1 当てはまるものに○をつけましょう。

　①エイズについて正しい知識を身につけることができましたか？　←関心・意欲・態度

　　[　　できた　　　だいたいできた　　　できなかった　]

　②なぜ、今エイズについて学習することが大切なのでしょうか？ 自分の考えを書いてみましょう。　←思考・判断

　[

　]

2 　　　　　　の中に当てはまる言葉を書きましょう。　←知識・理解

　①エイズは、生まれつきではなく **後天** 的に、体内の **免疫力** が衰え低下してさまざまな症状が起こる状態のことをいいます。

　②エイズは、**HIV（ヒト免疫不全ウイルス）** というウイルスに感染することでなりますが、すぐに **発病** するわけではないので、本人が気づかないうちに人にうつしてしまう危険性があります。

　③HIVの感染経路は、感染者との、**性行為** による粘膜からの感染、**血液** からの感染、母子感染の３つです。

　④HIVは、**人の体内** でしか生きられず、**空気**　**水**　**熱** に弱いという特徴があるため、普通の生活の中ではうつりません。

　⑤性行為によるHIV感染を防ぐ効果的な方法は **コンドーム** を使用することです。

指導する際のポイント

　日本は先進国で唯一、エイズ患者数が増え続けているといわれています。エイズについてはさまざまな治療薬が開発され、かつての「死の病」から、現在では「一生付き合っていく病」と考えられるようになりました。しかし、エイズについても「自分に関係ないもの」として知識を得ようとしない傾向が、社会全体にあると思われます。子どもたちにはエイズについてしっかりと伝えていきたいものです。

MEMO

5章

応急手当

応急手当の方法を知ろう

※シナリオは P94～95 をご参照ください

① 応急手当の方法を知ろう

② 日常的なけがの種類
- 擦り傷
- 捻挫
- 突き指
- やけど
- 鼻血

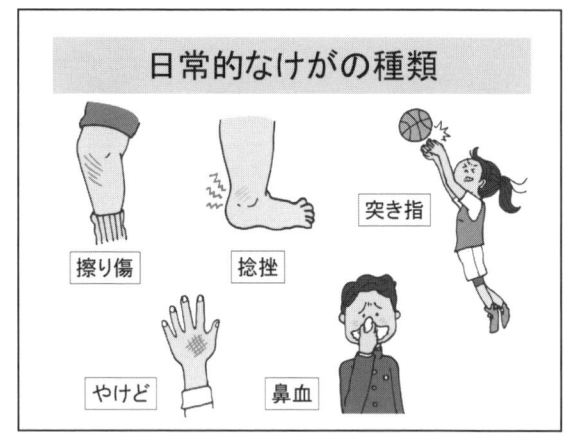

③ けがの手当
- 部位、種類、程度を観察
- 腫れ
- 出血
- 傷口は水道水で洗うのが原則

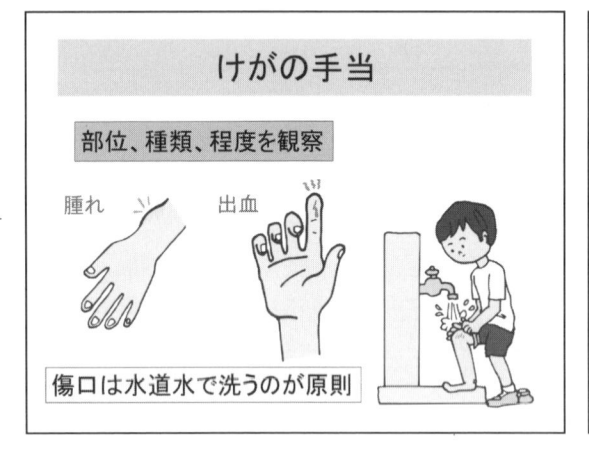

④ 止血の方法
- 傷口をガーゼやハンカチなどで直接圧迫
- 鼻血の場合には、鼻の上部を強くつまむ

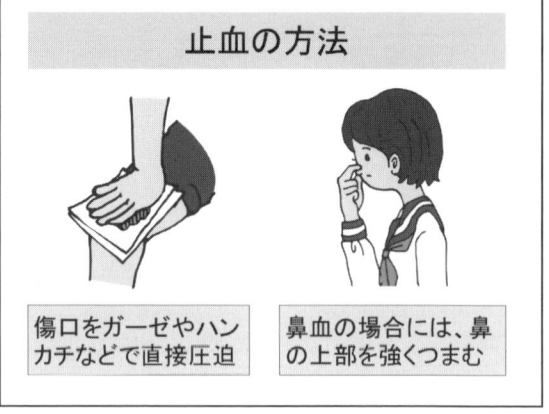

⑤ 捻挫や打撲にはRICE法（安静、冷却、圧迫、挙上）
- Rest（安静）
- Icing（冷却）
- Compression（圧迫）
- Elevation（挙上）

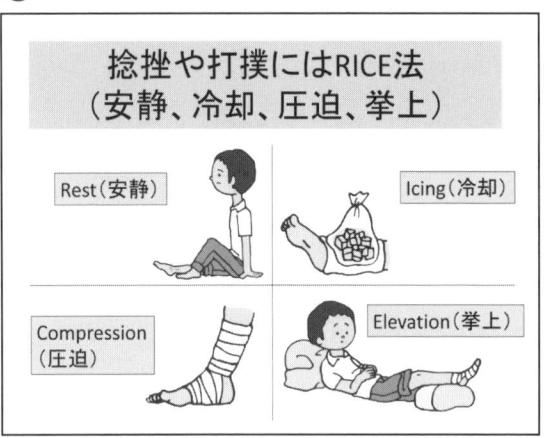

⑥ 三角巾の目的
- けがをした部分の保護、圧迫止血、固定
- 頂点／全巾／端／底辺／端
- 100cmくらい × 100cmくらい

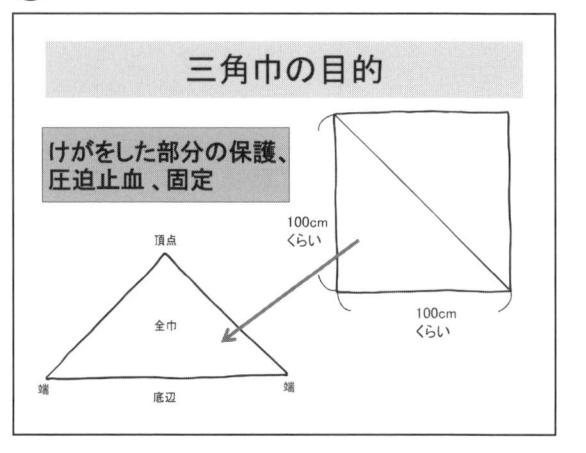

⑦ 三角巾の使い方

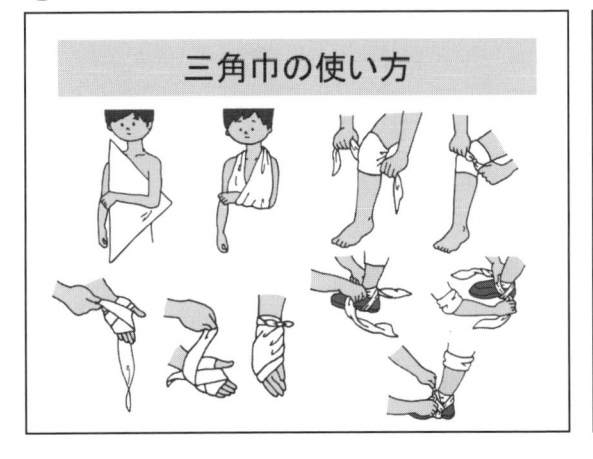

⑧ 倒れている人を発見したらまずは意識の確認を

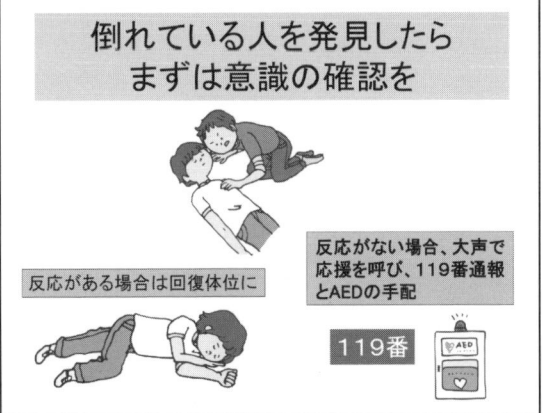

反応がある場合は回復体位に

反応がない場合、大声で応援を呼び、119番通報とAEDの手配

119番

⑨

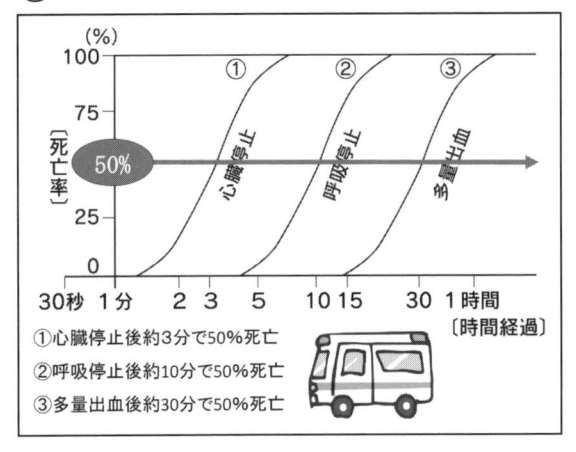

① 心臓停止後約3分で50%死亡
② 呼吸停止後約10分で50%死亡
③ 多量出血後約30分で50%死亡

⑩ 呼吸がなければすぐに胸骨圧迫を実施

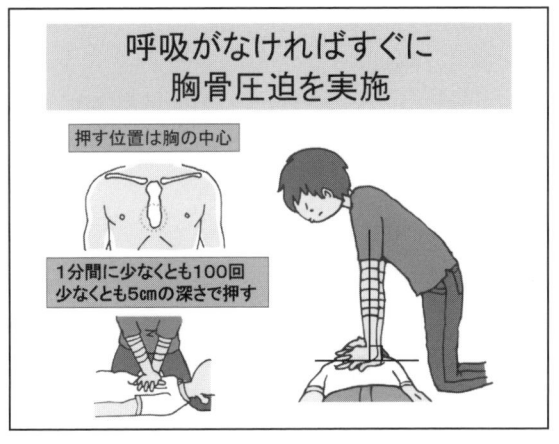

押す位置は胸の中心

1分間に少なくとも100回少なくとも5cmの深さで押す

⑪ もしできる場合は人工呼吸も

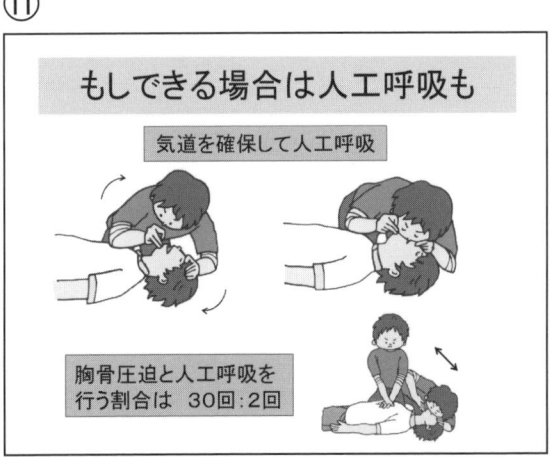

気道を確保して人工呼吸

胸骨圧迫と人工呼吸を行う割合は　30回：2回

⑫ AEDが到着したらパッドを装着

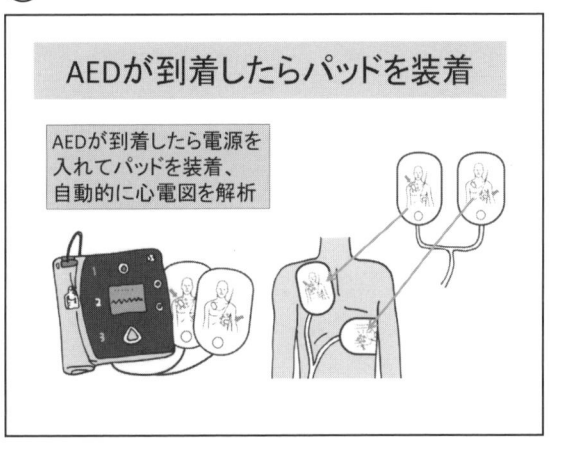

AEDが到着したら電源を入れてパッドを装着、自動的に心電図を解析

応急手当の方法を知ろう
～シナリオ～

① 今日は日常的なけがや、倒れている人がいたときの応急手当について学習しましょう。

② 今までにどんなけがを経験したことがありますか。日常的なけがには、擦り傷、切り傷、捻挫、打撲、突き指、やけど、鼻血などがあります。

③ 手当をするに当たっては、どこを、どのように、どの程度けがをしたのかという確認、観察が第一です。適切な手当は苦痛を和らげ、治りを早くします。
　痛み、腫れ、変形、出血の状態などを中心によく観察して、適切に素早く手当をすることが大切です。傷口は水道水で洗うのが原則です。

④ もし出血しているときには、どうやって止めたらいいのでしょうか。
　通常の出血であれば、傷口を直接ガーゼや清潔なハンカチなどで圧迫することによって止血できます。これを直接圧迫法といいます（ほかの人の手当をする場合、万が一の感染防止のため、血液には直接手を触れないようゴム手袋やビニール袋などを手に着用しましょう）。
　鼻血の場合には、鼻の上部を強くつまむようにします。

⑤ 捻挫や打撲のときには、どのような手当をすればよいのでしょうか。
　RICE（ライス）は、簡単な４つの処置を行うことで、痛みや腫れが抑えられ、回復を早める方法です。「RICE」とは、Rest（安静＝動かさない）、Icing（冷却＝氷などで冷やす）、Compression（圧迫＝包帯などで圧迫）、Elevation（挙上＝心臓よりも高く上げる）の頭文字をつなげたものです。運動中のけがに多い、打撲、捻挫、突き指、肉離れなどの応急手当として有効です。

⑥ けがをした場合、三角巾があると便利です。三角巾は、けがをした部分の保護、けがをした部分を圧迫し軽度の出血を止める、傷や骨折などの患部を固定して痛みを軽減するなどのために用いられます。傷口の大小にかかわらず、体のどの部分にも使用でき、応急手当に有効で便利です。

⑦ 三角巾は、体の各部位の手当に用いられます。結び目が、傷口の上にこないように注意しましょう。巻くときにきついと血行障害を起こし、緩いとほどけるので、けが人の具合を確認しながら行います。

⑧ 次は心肺蘇生について学習しましょう。
　もし、倒れている人を発見したら、まず倒れている人に反応があるか、なんらかの返答や、目的のあるしぐさがあるかどうかを確認します。反応の見方は倒れている人の肩を軽くたたく、大声で呼びかけるなどの刺激を与えます。体を揺すったり、首を大きく

> 一般的な学校を想定して作っていますので、
> 各学校の状況に応じて変更してお使いください

動かしたりしないようにします。反応の有無を確認することにより、心肺蘇生が必要な状況かどうかの最初の区別ができます。

　反応があれば、呼吸をしていますし、心臓も動いていると判断できます。反応があるなら、本人にとって楽な体勢、または横向きにして回復体位をとらせましょう。

　もし、反応がなければ周りの安全を確認して、大きな声で人を呼びます。119番通報と周囲の人にAEDの手配の依頼をします。ここまでは中学生（高校生）でもできることですね。

⑨　119番通報して、救急車が現場に到着するまでの時間はどのくらいでしょうか？

　平均的に5分から10分といわれています。それまでの間に何も行わなければ心臓停止後約3分、呼吸停止後約10分、多量出血後約30分で死亡率は50％になります。でも、皆さんが心肺蘇生の方法を知っていれば、救急車が来るまでの間、救命活動を行うことができます。

⑩　心肺蘇生の方法について勉強しましょう。普段通りの呼吸がない、または10秒以内に判断がつかないときは呼吸がなく心停止と判断し、心肺蘇生を実施します。

　まずは胸骨圧迫（心臓マッサージ）を行います。胸骨圧迫は、胸の中心を強く（成人は少なくとも5cm沈むように）、速く（少なくとも100回／分）、絶え間なく（中断を最小にする）行うようにします。

⑪　口と口との人工呼吸ができる場合は、胸骨圧迫に人工呼吸を追加して行います。感染を防ぐための用具がある場合はそれを使ってください。

　気道を確保し、救助者が口を大きく開けて、傷病者の口を覆うようにかぶせ、約1秒かけて、胸の上がりが確認できる程度に息を吹き込みます。このとき、傷病者の鼻をつまんで、息が鼻から漏れ出さないようにしましょう。

　胸骨圧迫30回に対して、人工呼吸を2回行います。2回の吹き込みが終わったらすぐに、胸骨圧迫を行います。しかし、胸骨圧迫だけでも効果があるので、人工呼吸は無理に行わなくても大丈夫です。

⑫　AEDが到着したら、AEDの電源を入れ、パッドを胸に貼ります。パッドに絵が描かれているので、その通りの位置に貼ります。AEDが自動で心電図を解析し、電気ショックが必要かどうかを判断します。AEDの音声指示に従い、必要に応じて、誰も傷病者に触れていないことを確認してから電気ショックボタンを押します。電気ショック後、または電気ショックが必要ないと判断された場合、すぐに心肺蘇生を再開するようにしましょう（普段通りの呼吸や目的のあるしぐさがあれば、心肺蘇生はいったん終了）。

　普段からどこにAEDが設置されているか確認しておくことも必要です。小さなけがの手当から心肺蘇生まで、自分にできることはしっかりやるようにしましょう。

「応急手当の方法を知ろう」ワークシート

___年___組　名前_____

1　当てはまるものに○をつけましょう。

①応急手当の重要性について考えることができましたか？

[　　　できた　　　だいたいできた　　　できなかった　　　]

②自分でできるけがの手当にはどんなものがあるかを考えてみましょう。

[　　　　　　　　　　　　　　　　　　　　　　　　　　　　]

2　□の中に当てはまる言葉を書きましょう。

①出血がある場合は、傷口をガーゼや清潔なハンカチで　　　　　して止血します。

②捻挫や打撲をしたときは、　　　　　法を行うことで、痛みや腫れを抑えて回復を早めます。

③　　　　　は、けがをした部分の保護や、けがをした部分の圧迫、軽度の出血を止める、患部の固定などに用いられます。

④倒れている人にもし反応がない場合は、すぐに119番通報をして、　　　　　の手配をし、救急隊に引き渡すまで　　　　　を行います。

⑤胸骨圧迫は1分間に少なくとも　　　　　回、少なくとも　　　　　cmの深さ沈むように押します。

3　感想や質問を書きましょう。

「応急手当の方法を知ろう」ワークシート解説

___年 ___組 名前 _____

1　当てはまるものに○をつけましょう。

①応急手当の重要性について考えることができましたか？　　←関心・意欲・態度

　[　　　できた　　　だいたいできた　　　できなかった　]

②自分でできるけがの手当にはどんなものがあるかを考えてみましょう。

←思考・判断

[

]

2　　☐　　の中に当てはまる言葉を書きましょう。　　←知識・理解

①出血がある場合は、傷口をガーゼや清潔なハンカチで　**圧迫**　して止血します。

②捻挫や打撲をしたときは、　**RICE**　法を行うことで、痛みや腫れを抑えて回復を早めます。

③　**三角巾**　は、けがをした部分の保護や、けがをした部分の圧迫、軽度の出血を止める、患部の固定などに用いられます。

④倒れている人にもし反応がない場合は、すぐに119番通報をして、　**AED**　の手配をし、救急隊に引き渡すまで　**心肺蘇生**　を行います。

⑤胸骨圧迫は1分間に少なくとも　**100**　回、少なくとも　**5**　cmの深さ沈むように押します。

指導する際のポイント

　2010年に改訂された心肺蘇生のガイドラインでは、人工呼吸は省略可能で胸骨圧迫だけでもよいということになりました。これで心肺蘇生に対するハードルが下がったように思えます。また、AEDも多くの公共施設に設置され、更に今後も多くの場所に設置されていくことと思われます。AEDは、いざというとき使えるように、訓練をしておきたいものです。

よくあるスポーツ障害

※シナリオは P100～101 をご参照ください

① よくあるスポーツ障害

② 運動のメリット
- 体力向上
  - 行動体力…積極的に行動する能力
  - 防衛体力…健康を維持する能力
- ストレス解消

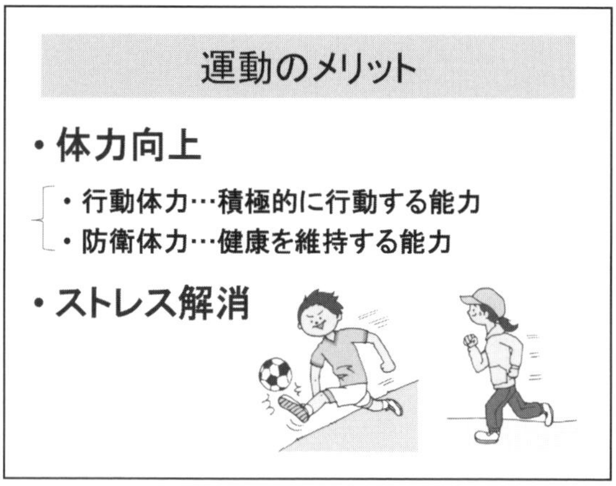

③ 運動をし過ぎると…
疲労骨折 / 圧迫
スポーツ障害になることもある

④ よくあるスポーツ障害
膝の障害「オスグッド病」
膝下を痛める
サッカー、バスケット、バレーボールなどに多い

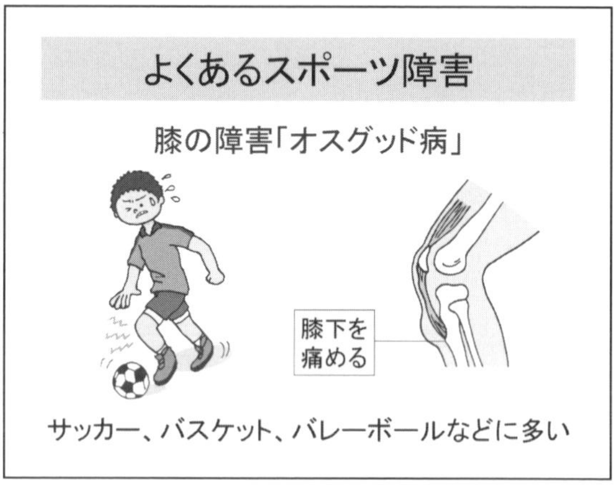

⑤ よくあるスポーツ障害
肘の障害「野球肘」
骨の一部がはがれることも
野球に多い

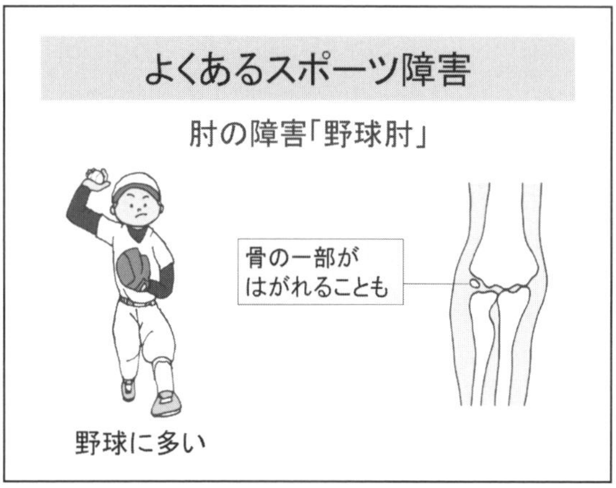

⑥ よくあるスポーツ障害
肘の障害「テニス肘」
痛みがある部分
テニスに多い

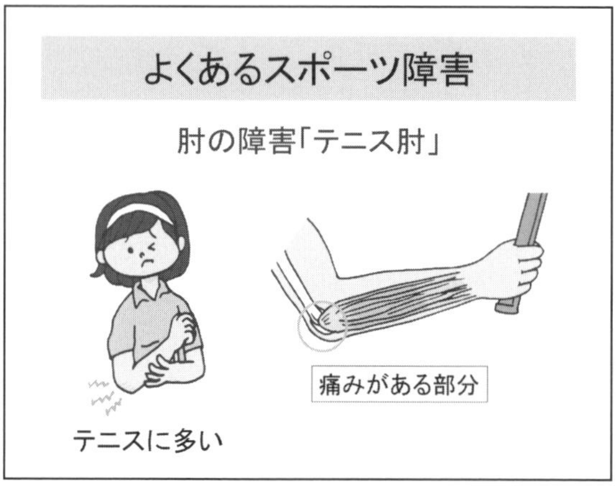

⑦ スポーツ障害は予防できる

- 痛くなるまでやらない
- 痛みが出たら休む

⑧ スポーツ障害予防

運動前のウォーミングアップ
→ 体温の上昇 / けがが起きにくくなる

運動後のクーリングダウン
疲労回復の促進

⑨ ストレッチの方法

① ゆっくり行う
② 力で無理にやらない
③ 反動や弾みをつけない

息を止めない

⑩ ストレッチ

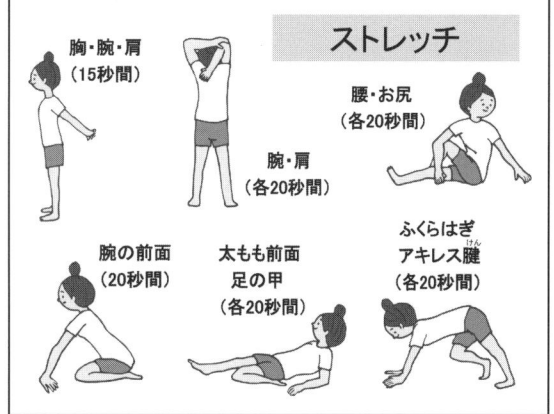

- 胸・腕・肩（15秒間）
- 腕・肩（各20秒間）
- 腰・お尻（各20秒間）
- 腕の前面（20秒間）
- 太もも前面 足の甲（各20秒間）
- ふくらはぎ アキレス腱（各20秒間）

⑪ けがの手当＝RICE

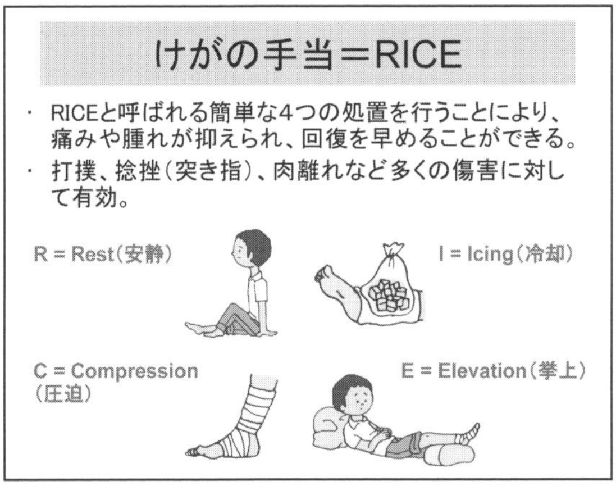

- RICEと呼ばれる簡単な4つの処置を行うことにより、痛みや腫れが抑えられ、回復を早めることができる。
- 打撲、捻挫（突き指）、肉離れなど多くの傷害に対して有効。

R = Rest（安静）
I = Icing（冷却）
C = Compression（圧迫）
E = Elevation（挙上）

⑫ 体を鍛える際のメンテナンスはとても大切

末永くスポーツを楽しむために

よくあるスポーツ障害
～シナリオ～

① 今日は運動と故障（障害）についてみんなで考えてみましょう。

② 運動することのメリットには、まず体力向上があります。体力には積極的に行動する能力「行動体力」と、健康を維持する能力「防衛体力」があります。また、運動をするとストレス解消にもなります。しかし、運動にはデメリットもあります。

③「疲労骨折」という言葉を聞いたことがありますか？日常的なトレーニングの負荷を継続的にかけ過ぎて、骨折した状態です。一日限りであれば大したことのない程度の運動でも、その負荷を毎日かけていくと、体にダメージが積み重なって、小さなひびが骨に入っていき、ある地点を越えると骨折してしまうのです。

このように、継続的な負荷や運動のし過ぎによって体に起こる病的な症状をスポーツ障害と呼びます。

骨折、脱臼、捻挫などはスポーツ外傷と呼ばれるけがですが、スポーツ障害は同じような動作を繰り返し行うことで、部分的に疲れがたまって、さまざまなけがや障害を生じることで、「使い過ぎ症候群」とも呼ばれています。

④ 中高生に多いスポーツ障害を紹介します。

成長期に多い膝の障害には、オスグッド病があります。膝の関節に負担がかかる運動をすることで起こり、膝の下が痛みます。

サッカーやバスケット、バレーボールなどをする人によく起こります。

⑤ 野球などで投球を繰り返し、肘に痛みが生じるのが、野球肘です。肘の軟骨や骨に傷がつきます。関節内に骨の一部がはがれ落ちることもあり、手術が必要なこともあります。野球肘の原因は、投げ過ぎなので、投球を控えることが大切です。

⑥ テニスをする人によく起こるのが、テニス肘です。肘にかかる負担による炎症で、肘を曲げたとき、主に外側の出っ張っている部分に痛みが生じます。調理師や主婦などがフライパンを使い過ぎたりしても発症します。

⑦ 骨折、脱臼、捻挫などのけがは注意していても突然起きてしまうことがありますが、「使い過ぎ症候群」と呼ばれるスポーツ障害は予防が可能です。

「使い過ぎ症候群」は痛いのを我慢して同じ運動を続けることが原因なので、痛くなるまでやりすぎないことが最も重要です。そして痛みが出たらすぐにその部分を休ませることが大事です。

> 一般的な学校を想定して作っていますので、
> 各学校の状況に応じて変更してお使いください

⑧ 自分のしているスポーツで痛めやすい部位をよく知って、その部位を中心に運動前のウォーミングアップ、運動後のクーリングダウンをすることでスポーツ障害を予防できます。

　運動前のウォーミングアップの効果には、次のようなものがあります。

　呼吸器・循環器系の活動が高まり、酸欠状態が起きにくくなります。体温が上昇して筋肉の柔軟性が保たれ、肉離れなどのけがが起きにくくなります。また、動作を円滑にすることができ、発揮できる最大パワーが増加します。

　運動後のクーリングダウンの効果は、運動によって興奮状態にある体の各器官を鎮め、筋肉中の二酸化炭素や乳酸を体外に出し、疲労回復を促進します。また、緊張を取り除き、心地よい状態に導きます。

⑨ ウォーミングアップやクーリングダウンにはストレッチを行いましょう。ストレッチとは、筋肉を意識的に伸ばし、柔軟性を高める体操です。

　関節の動きをスムーズにしてけがの予防にもなります。注意点は①ゆっくり行う、②力で無理にやらない、③反動や弾みをつけないことです。

⑩ ストレッチの組み合わせはいろいろあります。自分の体力や運動の種類に合わせて、しっかりやりましょう。

　準備運動や整理運動として、体に「よろしく」や「ありがとう」の気持ちを込めて毎日やれば、故障を起こすことなく、運動効果を上げることができます。

⑪ 「RICE」とは、Rest（安静）、Icing（冷却）、Compression（圧迫）、Elevation（挙上）の頭文字をつなげたもので、運動中のけがに多い、打撲、捻挫、突き指などの応急手当として有効です。いざというときには自分で応急手当ができるようになっておくのも大切です。

　スポーツ障害を防ぐためには、その日の疲労はその日のうちに回復させて、「使い過ぎ症候群」を悪化させないことが大切です。また、痛みや腫れがある場合は、思い切って休むことも大事です。

⑫ 高校野球では、準々決勝、準決勝、決勝とピッチャーが連投することがありますが、「無理をさせ過ぎると選手生命を縮めかねない」と、最近は危ぶまれることもあります。

　成長期の体は環境の影響を受けやすいため、体の一部に無理をかければ、そこに障害が起きてくる可能性が高いのです。

　そのスポーツが好きであれば、今だけではなく、一生楽しめるようにしたいものですね。人生80年、90年の時代です。スポーツを楽しむために、体を鍛える際には、体のメンテナンスはしっかりと行いましょう。

「よくあるスポーツ障害」ワークシート

___年 ___組　名前 _____

1　当てはまるものに○をつけましょう。
　①スポーツ障害予防の重要性について考えることができましたか？
　[　　　できた　　　だいたいできた　　　できなかった　　]
　②どんなスポーツにどのようなスポーツ障害が起こりやすいかを考えてみましょう。

　[　　　　　　　　　　　　　　　　　　　　　　　　　　　　　]

2　□の中に当てはまる言葉を書きましょう。
　①スポーツ障害とは、同じ [　　　　] のし過ぎによって、部分的に疲れが積み重なることによって起こる症状のことをいいます。
　② [　　　　　　] 病は、サッカーやバレーボールなど、膝に負担のかかる運動をする人に多いスポーツ障害です。
　③野球やテニスをする人は、[　　　] の関節に負担がかかるため、野球 [　　　] や、テニス [　　　] を発症しやすくなります。
　④運動前の [　　　　　　　　　]、運動後の [　　　　　　　　] をすることでスポーツ障害を予防できます。
　⑤筋肉を意識的に伸ばし、柔軟性を高める [　　　　　　] を行うことで、けがを防ぎ、運動効果を上げることができます。

3　感想や質問を書きましょう。

　[　　　　　　　　　　　　　　　　　　　　　　　　　　　　　]

「よくあるスポーツ障害」ワークシート解説

___ 年 ___ 組　名前 _____

1. 当てはまるものに○をつけましょう。
   ① スポーツ障害予防の重要性について考えることができましたか？　　　　　　　　　　　　← 関心・意欲・態度
   [　　できた　　　だいたいできた　　　できなかった　　]
   ② どんなスポーツにどのようなスポーツ障害が起こりやすいかを考えてみましょう。　　　　← 思考・判断

2. ☐ の中に当てはまる言葉を書きましょう。　　← 知識・理解
   ① スポーツ障害とは、同じ [運動] のし過ぎによって、部分的に疲れが積み重なることによって起こる症状のことをいいます。
   ② [オスグッド] 病は、サッカーやバレーボールなど、膝に負担のかかる運動をする人に多いスポーツ障害です。
   ③ 野球やテニスをする人は、[肘] の関節に負担がかかるため、野球 [肘] や、テニス [肘] を発症しやすくなります。
   ④ 運動前の [ウォーミングアップ] 、運動後の [クーリングダウン] をすることでスポーツ障害を予防できます。
   ⑤ 筋肉を意識的に伸ばし、柔軟性を高める [ストレッチ] を行うことで、けがを防ぎ、運動効果を上げることができます。

指導する際のポイント

　高校野球では、控えの投手が十分にはいないことは、ままあることで、準決勝・決勝と進む中での投手の連投が、非難を浴びることがあります。成長期に無理をさせることが、子どもたちの将来の可能性をつんでしまいかねないからです。人生80年の時代です。子どもたちに、今しかできないことを体験させてあげることと、将来のための今を大切にしてあげることのバランスをとることが必要だと思います。

知って防ぐ熱中症

※シナリオはP106〜107をご参照ください

①
知って防ぐ熱中症

②
熱中症とは？

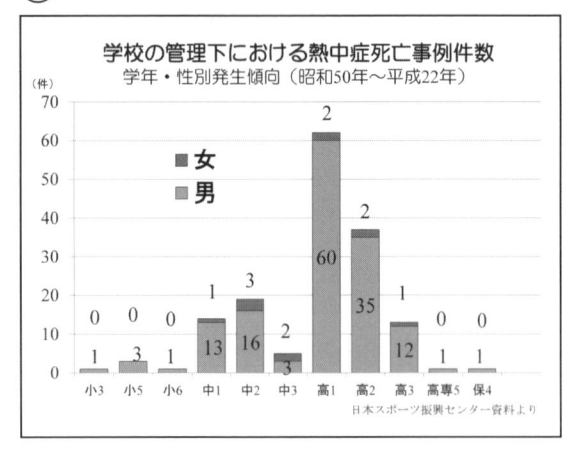

汗 { 水分 / 塩分 }

③
学校の管理下における熱中症死亡事例件数
学年・性別発生傾向（昭和50年〜平成22年）

学年	男	女
小3	1	0
小5	3	0
小6	1	0
中1	13	1
中2	16	3
中3	3	2
高1	60	2
高2	35	2
高3	12	1
高専5	1	0
保4	1	0

日本スポーツ振興センター資料より

④
学校の管理下における熱中症死亡事例件数
月別発生傾向（昭和50年〜平成22年）

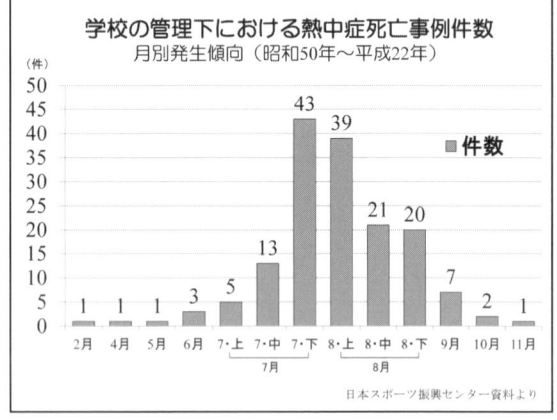

月	件数
2月	1
4月	1
5月	1
6月	3
7・上	5
7・中	13
7・下	43
8・上	39
8・中	21
8・下	20
9月	7
10月	2
11月	1

日本スポーツ振興センター資料より

⑤
熱中症の種類

熱失神 / 熱けいれん / 熱疲労 / 熱射病

⑥
熱中症が起こりやすい環境

・気温が高い
・風が弱く湿度が高い
・日差しが強い
・照り返しが強い
・急に暑くなった

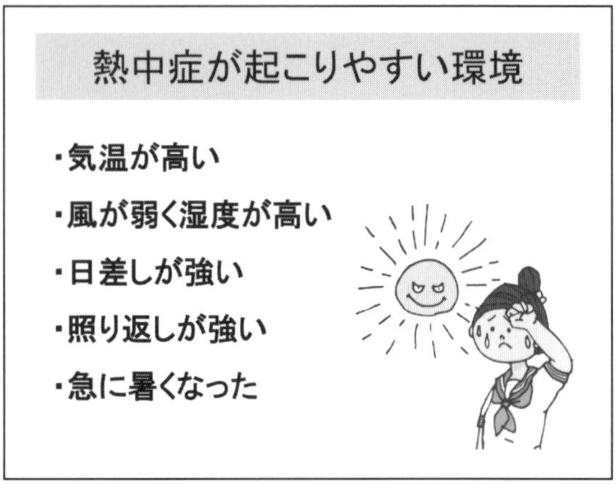

⑦ どんな人がなりやすいか？

- 体調が悪い人（朝食抜き、寝不足、疲労）
- 肥満の人
- 普段から運動をしていない人
- 暑さに慣れていない人
- 病気の人（下痢などで脱水症状がある人）

⑧ 熱中症予防

①こまめに水分を補給しよう
②服装を工夫しよう
③暑さを避けよう
④規則正しい生活を心がけよう

⑨ 水分補給のポイント

- 水だけよりも塩分も含んだスポーツドリンクなどを
- 運動を始める前に、コップ1杯程度
- 運動中は、15分～20分おきにコップ1杯
- 喉が渇いたと感じる前に飲むのがポイント

⑩ 熱中症の応急手当

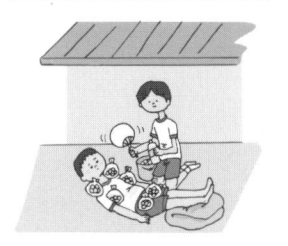

- 涼しい環境へ移動
- 衣服を緩めて体を冷やす

⑪

自分で水分を飲める
↓
塩分を含んだスポーツドリンク

体温が40℃以上、意識異常、錯乱などの場合
↓
すぐに体を冷やす
救急車を呼ぶ

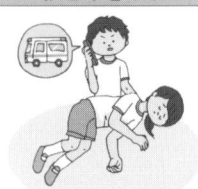

⑫ まとめ

- 熱中症は命に関わる障害
- 正しい知識と予防が大切
- 無理は禁物
- お互いの体調に気を配る

知って防ぐ熱中症
～シナリオ～

① 暑くなり始めると、スポーツだけに限らず熱中症で倒れたというニュースをよく耳にします。最近では、その時期が徐々に早まってきているようです。

② 体には、体温を一定に保とうとする働きが備わっていて、暑さによって体温が上がると、自律神経の働きで汗をかいて体温を下げようとします。汗には、水分だけでなく塩分も含まれているので、汗をかくと体から水分と同時に塩分も失われます。体から塩分が失われることで、全身にさまざまな障害が起こります。また、こうした状況で水分補給がないと汗をかけず、体内に熱がこもって体温が上昇し、意識を失って倒れることもあります。こうした障害の総称が、熱中症です。

③ このグラフは熱中症による死亡者の数を表しています。中学生と高校生が多いですね。クラブ活動を活発にやる年代だからこそ、熱中症になる危険性も高いといえます。
　皆さんは「自分は熱中症にはならない」と思っていませんか？　でも熱中症は誰にでも起こる可能性があり、しかも命に関わる障害なのです。

④ これは熱中症が何月に発生しやすいかというグラフです。やはり夏の暑い時期、7、8月に多いことがわかると思います。最近では暑くなり始める6月にも死亡につながる重大な熱中症が起きているということにも注意が必要です。

⑤ 熱中症は、大きく4つに分類されています。
　熱失神は、高い温度での活動中、上昇した体温を下げようと大量に発汗して血管が拡張し、そのために脳へ流れる血流量が減少して、めまいやふらつきなどの症状がみられます。一過性の意識消失がみられることもあります。
　熱けいれんは、高温の環境下で大量に発汗して体内の塩分が不足したときなどに起こる、痛みを伴った筋肉のけいれんで、めまいや頭痛、吐き気、腹痛を伴います。
　熱疲労は、高温の環境下で、脱力感、体がだるい、めまい、頭痛、吐き気などの症状が認められます。大量の発汗による脱水症状であり、汗の蒸発による熱放散が不足するために体温は上昇します。
　熱射病（日射病）は、熱疲労を放置した状態で、異常な体温の上昇（体温が40℃以上）と興奮、錯乱、けいれん、昏睡などの意識障害が出てきます。発汗の停止によって皮膚は乾燥し、手当が遅れればショックや細胞・臓器障害に陥り、死亡することもあるので一刻も早い治療が必要になります。

⑥ 熱中症が起こりやすい環境は、気温が高い、風が弱く湿度が高い、日差しが強い、照り返しが強い、急に暑くなったといった状況です。梅雨の合間に突然気温が上昇した日や、梅雨明けの蒸し暑い日などは特に注意が必要です。

一般的な学校を想定して作っていますので、
各学校の状況に応じて変更してお使いください

⑦　どのような人がなりやすいでしょうか？　体調が悪い人（朝食抜き、寝不足、疲労）、肥満の人、普段から運動をしていない人、暑さに慣れていない人、病気の人（下痢などで脱水症状）などは熱中症になりやすいので注意が必要です。

⑧　熱中症予防のためには、次の4つのポイントが重要です。
　　1つ目は、こまめな水分補給です。喉が渇く前に水分補給をすることが必要です。
　　2つ目は、服装の工夫です。服装の工夫で、体に熱がこもるのを防ぐことができます。下着は、吸水性や乾きやすさなども考えて選ぶようにしましょう。
　　3つ目は、暑さを避けることです。暑い時期は、屋外では帽子や日傘を使い、日陰を選んで歩きましょう。屋内では風通しをよくする工夫をしましょう。
　　4つ目は、規則正しい生活を心がけること。食事、睡眠はしっかりとりましょう。

⑨　人間は成人の場合、体重の約60％が水分です。運動をしてたくさん汗をかくと水分が不足して体の調子を崩します。たくさん汗をかいているときの水分の補給のポイントは、
・水だけよりも、塩分も含んだスポーツドリンクなどを活用するのが望ましいでしょう。
・運動中や運動後だけではなく、運動の前にもコップ1杯程度の水分をとりましょう。
・運動中は、こまめに水分をとりましょう。気温の高いときは、15～20分ごとにコップ1杯程度が目安です。
・喉が渇いたと感じる前に水分を補給しましょう。

⑩　熱中症が重症の場合は、すぐに医療機関で診察を受けるのが基本ですが、軽症の場合、風通しのよい日陰や冷房の効いたところに運び、衣類を緩めて楽にします。本人が楽な体位にしますが、顔が青く脈が弱いときには、脳に血流が回りやすいように、足を高くした体位にします。皮膚の温度が高いときには、日陰に移動させ、あおいで風を送ったり、首や脇の下、足の付け根など太い血管の通っているところに氷入りの袋を当てるなどして体温を下げます。このような手当をしても、症状が治まらないときは、できるだけ早く医師の診療を受けさせます。

⑪　意識があり、吐き気や嘔吐（おう）などがなければ、水分補給をさせます。その際、塩分が含まれているスポーツ飲料か、薄い食塩水などを飲ませます。このような状態の場合は一人にせずに経過を観察し、その後必ず医療機関を受診させます。体温が40℃以上、意識がない、錯乱状態であるなど重度の熱中症の場合には、すぐに体を冷やすとともに、救急車を呼び一刻も早く医療機関に送ることが大切です。

⑫　熱中症は命に関わる障害です。正しく理解し、適切な予防措置をとりましょう。体調が悪いときには、無理をせず、適切な対応をとりましょう。ふらふらになってからでは正しい判断ができません。お互いの体調に気を配り、対処できるようにしましょう。

「知って防ぐ熱中症」ワークシート

___ 年 ___ 組　名前 _____

1　当てはまるものに○をつけましょう。

　①熱中症の危険性について考えることができましたか？

　[　　　　できた　　　　だいたいできた　　　　できなかった　　　]

　②蒸し暑い環境下で運動中、大量に汗をかき、気分が悪いと言っている友達に、あなたはどんなことをしてあげますか？

　[

　　　　　　　　　　　　　　　　　　　　　　　　　　　　　　　　　]

2　☐の中に当てはまる言葉を書きましょう。

　①暑さで体温が上がると、人間は_____ことで体温を下げようとしますが、_____が出にくくなると体に_____がこもって熱中症になりやすくなります。

　②熱中症が起こりやすい環境は、_____や_____が高い、_____がない、_____が強い、_____暑くなったなどです。

　③環境だけではなく、_____が悪かったり、普段から_____していなかったり、_____に慣れていない人も熱中症になりやすいので注意が必要です。

　④熱中症の予防の４つのポイントは、こまめな_____をする、体に熱のこもりにくい_____をする、帽子などを使い_____を避ける、_____生活をすることです。

3　感想や質問を書きましょう。

「知って防ぐ熱中症」ワークシート解説

___年___組　名前_____

1　当てはまるものに○をつけましょう。
　①熱中症の危険性について考えることができましたか？　　　◀ 関心・意欲・態度
　　[　　できた　　　だいたいできた　　　できなかった　]
　②蒸し暑い環境下で運動中、大量に汗をかき、気分が悪いと言っている友達に、あなたはどんなことをしてあげますか？　　　◀ 思考・判断

[　　　　　　　　　　　　　　　　　　　　　　　　　　　　]

2　　　　　　　の中に当てはまる言葉を書きましょう。　　　◀ 知識・理解
　①暑さで体温が上がると、人間は 汗をかく ことで体温を下げようとしますが、 汗 が出にくくなると体に 熱 がこもって熱中症になりやすくなります。
　②熱中症が起こりやすい環境は、 気温 や 湿度 が高い、 風 がない、 日差し が強い、 急に 暑くなったなどです。
　③環境だけではなく、 体調 が悪かったり、普段から 運動 していなかったり、 暑さ に慣れていない人も熱中症になりやすいので注意が必要です。
　④熱中症の予防の４つのポイントは、こまめな 水分補給 をする、体に熱のこもりにくい 服装 をする、帽子などを使い 暑さ を避ける、 規則正しい 生活をすることです。

指導する際のポイント

　冷暖房完備の恵まれた環境の中で育った赤ん坊は、汗腺が発達せず、将来、体温調節がうまくできないといわれますが、昔は考えられなかった時期に、熱中症が起こるようになりました。暑いからといってすぐクーラーをつけるのではなく、暑くない時間帯などに軽い運動をして、暑さに強い汗の出やすい体づくりをしていくこと（暑熱順化）も重要だと思われます。

MEMO

6章

心とストレス

自分を知ろう

※シナリオはP114〜115をご参照ください

① 自分を知ろう

② 心の内部のせめぎ合いと自我の成り立ち
- 規範（約束・決まり）
- 心にとり入れられたもの
- 葛藤
- 心
- 自分らしさ（自我）
- 心にとり入れられたもの
- 欲求

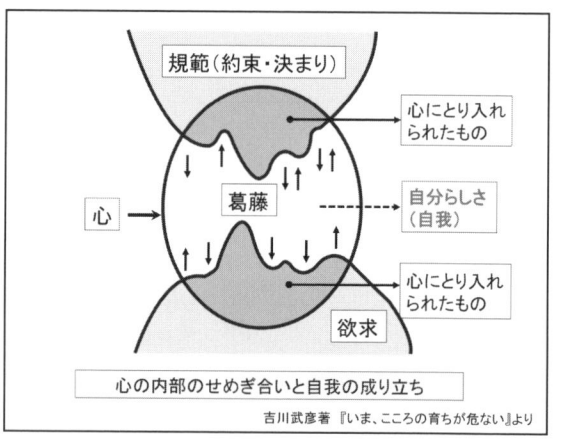

吉川武彦著『いま、こころの育ちが危ない』より

③ あなたにはどう見える？

ルビンの壺

④ こんなときどう思う？
- 遅刻しそうで慌てている人がいます
- 廊下でボール遊びをしていてガラスを割ってしまった人がいます
- 合唱祭の練習で歌わない人がいます

⑤ 自分の心の中を見てみよう

エゴグラム

⑥ 5つの私

CP　A　FC
NP　　　AC

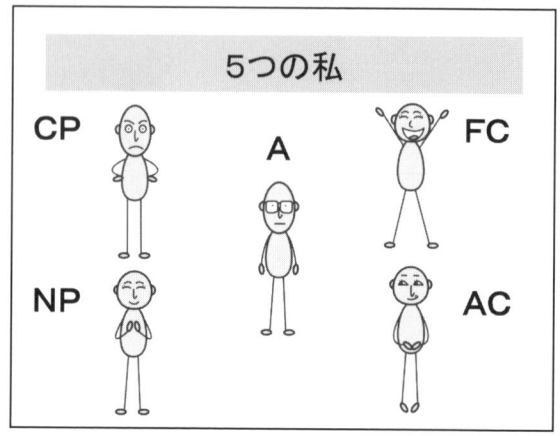

⑦ CP(Critical Parent) 批判的な親
父親的・厳しさのある心

長所	短所	言葉
責任感がある	頑固で融通が利かない	「理屈を言うな」
リーダーシップを発揮	人に対して威圧的	「当然でしょう」
秩序を守る	独善的	「言うとおりにしなさい」
高い理想や目標を持つ	厳しすぎる	「～しなさい！」
強い正義感を持つ	支配的	「～すべきだ」

⑧ NP(Nurturing Parent) 養護的な親
母親的・優しさがある心

長所	短所	言葉
思いやりがある	過干渉	「してあげよう」
養護意識が高い	おせっかい	「わかるわ」
他人に尽くすのが好き	他人の自主性を損なう	「任せておきなさい」
愛情深く、相手を受容する	甘やかし過保護になりやすい	「寂しいのね」
共感的	押しつけがましい	「がんばりましょう」

⑨ A(Adult) 合理的な大人
落ち着いて判断する心

長所	短所	言葉
情報収集や、分析にたけている	冷たい	「いつ・どこで・だれが・なぜ…」
客観的に評価できる	人情味がない	「事実は」
事実に基づいて判断する	打算的、機械的	「具体的にいうと」
情に流されずに現実的	人の気持ちより事実を優先	「私の意見は」
冷静	理屈っぽい	「なぜそうなるのだろう」

⑩ FC(Free Child) 自由な子ども
自由でのびのびしている心

長所	短所	言葉
想像力や空想力に富む	気まぐれ、わがまま	感嘆詞のつくせりふ
ユーモアセンスがある	自己中心的	「うれしい」
好奇心が旺盛	好き嫌いが激しい	「わ～い」
多趣味で遊び上手	感情的で幼い	「好き！」
活気がある	調子に乗りやすい	「できない」

⑪ AC(Adapted Child) 順応した子ども
気持ちを抑え我慢する心

長所	短所	言葉
協調性がある	主体性がない	「よくわかりません」
人との妥協点を見つけられる	我慢しすぎ	「悲しい、寂しい」
慎重	本心を隠す	「どうせ私なんか」
従順、素直	自責の念が強い	「もういいです」
我慢強い	屈折した反抗心	「えーと、えーと」

⑫ 気づき→自分らしさをつくる
よりよいコミュニケーションを

自分を知ろう
～シナリオ～

① 皆さんは中学生（高校生）になって「自分って何だろう」と考えたことはありませんか？
自分はどうつくられてきたのか、これから自分とどう向き合っていけばよいのか。今日はその自分を見つめてみましょう。

② この図を見てください。中央の楕円は、皆さんの心を表しています。上から、約束や決まりなどの「規範」が押し寄せています。下から、自身の「欲求」が押し寄せています。
それらをどこまで受け入れたり、実現したりしていくか、という葛藤が起こっていることをこの図は表しています。皆さんの心の中でも、日々、このようなことが起きているのではないでしょうか。

③ この絵はどう見えますか？（２～３分間考えさせる）
これは「ルビンの壺」といい、壺にも、人が二人向かい合っているようにも見えるという図です。平面の絵も見方を変えてみることで、まるで違うものに見えますね。自分を見るとき、他人を見るとき、いつもとちょっと違う視点を持つと違う面が見えてきます。

④ 私たちは日常のさまざまな場面で、遭遇する事象を自分なりに考え、判断し行動しています。人それぞれに考え判断し行動していて、それらは千差万別です。しかしそれには、あるパターンがあると提唱した人がいます。皆さんはこのような場面を見たとき、まずどんなことを思いますか。（何人かにきいてみる。ワークシートP131）

⑤ 自分の心の中を理解するヒントになるエゴグラムというものがあります（エゴグラムチェックリスト配布）。エゴグラムは、人間の自我状態（心）の特徴と行動の仕方を５つに分けたものです。性格診断テストですので、思ったままにできるだけ「はい」か「いいえ」で答え、「どちらでもない」を避けて答えてください。（エゴグラムをやる。エゴグラムチェックリストは、P130掲載。コピーしてご活用ください。CD-ROMにも収録）

⑥ CP、NP、A、FC、ACを５つの私といいます。誰の心の中にも５つの私がいます。この５つの項目をそれぞれ「はい」を２点、「どちらでもない」を１点、「いいえ」を０点として合計してみましょう。（P116のワークシート配布）点数が出たらグラフにしてみましょう。どれが高くどれが低いかでグラフの形にその人らしい特徴が出ます。

⑦ どうでしたか？ CPは「批判的な親」という意味で、父親的な厳しさと権威を持った心の状態です。理想、良心、責任感などの価値判断、道徳、倫理感など、「すべきだ、ねばならない」というような命令的な役割をします。CPの高い人は、責任感や正義感が強く、リーダーシップを発揮する反面、頑固で融通が利かず、人に対して威圧的になりがちです。逆にCPが低すぎる人は、批判力に欠ける、無責任、物事にルーズ、人の言葉に左右されやすい、などの傾向があります。

> 一般的な学校を想定して作っていますので、
> 各学校の状況に応じて変更してお使いください

⑧ NPは「養護的な親」という意味で、子どもの健やかな成長を見守り、育むような優しい母親的な保護的な態度を指します。面倒見のよい性格で、温かみのある、許容的、保護的な態度で人に接するなどが特徴です。NPの高い人は、思いやりがあり共感的で愛情深い傾向がありますが、おせっかいと感じられることもあります。逆にNPが低すぎる人は、他人のことをあまり気にかけず、自分の利益を追求する、などの傾向があります。

⑨ Aは「合理的な大人」という意味で、大人の心、すなわち、分別を指します。客観的、理性的に物事を判断する冷静な態度が特徴です。Aの高い人は、自分の感情もよくコントロールすることができます。物事に動じないなどのよい面もありますが、あまりに度を越すと、計算高く理屈っぽい、打算的で冷たいといった印象を与えることもあります。感情や情緒を排して、現実に即してデータを収集し分析するクールな知性は、よくコンピュータに例えられます。逆にAが低すぎる人は現実にうとく、冷静な状況判断が苦手で主観的、感情に振り回されやすい、などの傾向があります。

⑩ FCは「自由な子ども」という意味で天真爛漫な自我状態です。
FCの高い人は、のびのびとした性格で、感情を自由に表現し、想像力に富み、健康的で、活力にあふれています。無邪気に振る舞い、表現力が豊かで、周囲に温かさや明るさを感じさせるなどのよい面もありますが、度を越すと、時と場所をわきまえずにはしゃぎすぎる、自己中心的に振る舞う、衝動的で無責任、調子に乗りやすい、など、周囲とのトラブルを招く結果になることもあります。逆にFCが低すぎる人は、無気力で表情の変化にも乏しく、人生をうまく楽しめない、などの傾向があります。

⑪ ACは「順応した子ども」という意味で、自分の本当の気持ちを抑えて、親や大人の期待に沿う、いい子になろうと努める態度です。協調性があり、誰とでも合わせやすいというよい面もありますが、相手に合わせよう、気に入られようとするあまり、自分自身を追い込み卑屈になりやすくなります。ACが高い人はいわゆる「優等生」的な性格で、従順で協調性が高く、受身的で、行儀よく振る舞い、絶えず周囲に気兼ねし、その期待に応えようと努力する傾向があります。逆にACが低すぎる人は、反抗的、ひとりよがりであまのじゃくになりやすい、などの傾向があります。

⑫ この5つの心は、どれがよくてどれが悪いというものではありません。また、それぞれの得点が高ければ高いほどいいというものでもありません。どのような性格や態度も、ある場所では長所となり、また、別の場所では短所となるものです。どんな場面でどんな心のエネルギーが強く出るのかを知り、自分の癖をコントロールすることは、人間関係をつくる上で大切です。自分の特徴に気づくことで、自分らしさを生かし、よりよいコミュニケーションをして、お互いのよさも生かしていけるようになりましょう。

「自分を知ろう」ワークシート

___年 ___組　名前 _____

1　当てはまるものに○をつけましょう。

①自分らしさについて考えることができましたか？

[　　　できた　　　だいたいできた　　　できなかった　　　]

②エゴグラムをやってみた結果を、○は2点、△は1点、×は0点として、それぞれの項目ごとに合計点を出し、グラフに折れ線グラフを書きましょう。

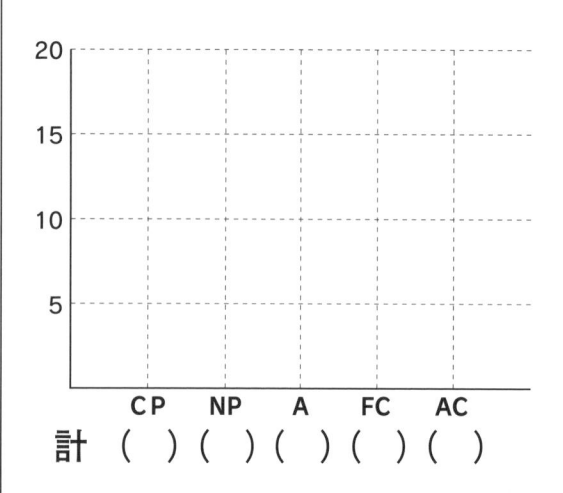

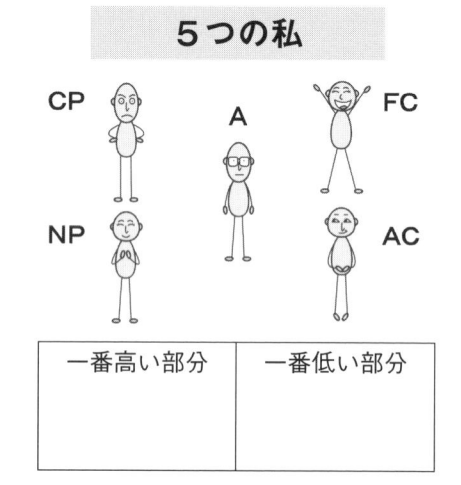

（グラフ：縦軸 0〜20、横軸 CP　NP　A　FC　AC）

計　(　)(　)(　)(　)(　)

5つの私

CP　A　FC
NP　　　AC

一番高い部分	一番低い部分

2　やってみたエゴグラムの結果を見て、自分にはどういう特徴があったか、考えてみましょう。

自分のよいところや、大切にしたいと思ったところ	意識して変えてみたいと思ったところ

3　感想や質問を書きましょう。

「自分を知ろう」ワークシート解説

＿＿年＿＿組　名前＿＿＿＿＿＿＿＿＿＿＿＿

1. 当てはまるものに○をつけましょう。

   ①自分らしさについて考えることができましたか？

   [　　できた　　　だいたいできた　　　できなかった　　]　　◀ 関心・意欲・態度

   ②エゴグラムをやってみた結果を、○は2点、△は1点、×は0点として、それぞれの項目ごとに合計点を出し、グラフに折れ線グラフを書きましょう。　　◀ 知識・理解

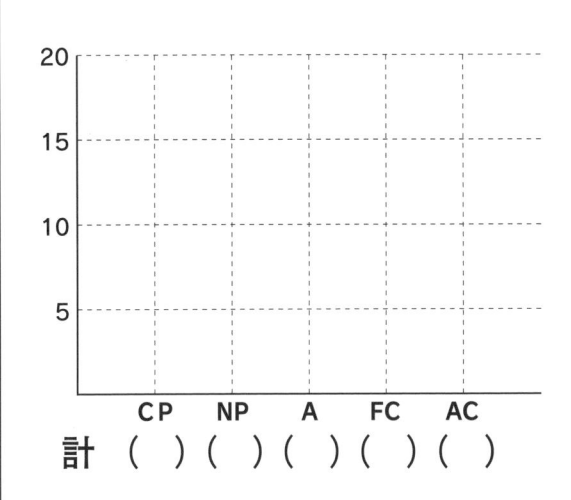

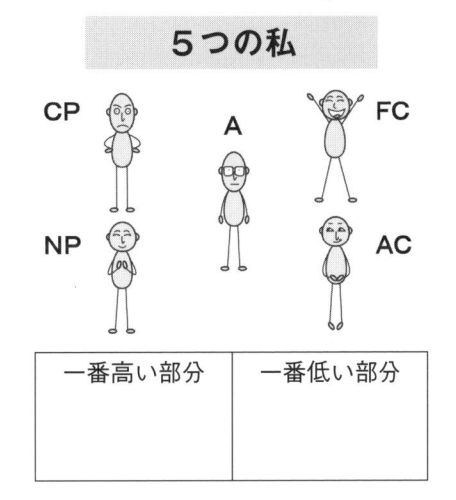

   ### 5つの私

   （グラフ：縦軸 5, 10, 15, 20　横軸 CP NP A FC AC）

   計（　）（　）（　）（　）（　）

一番高い部分	一番低い部分

2. やってみたエゴグラムの結果を見て、自分にはどういう特徴があったか、考えてみましょう。　　◀ 思考・判断

自分のよいところや、大切にしたいと思ったところ	意識して変えてみたいと思ったところ

指導する際のポイント

　カウンセリングなどで使われ、広く知られている性格診断法「エゴグラム」は、人の心を5つの領域、CP（Critical Parent＝批判的な親）、NP（Nurturing Parent＝養護的な親）、A（Adult＝合理的な大人）、FC（Free Child＝自由な子ども）、AC（Adapted Child＝順応した子ども）に分けて分析します。自分の傾向性を知るには簡便で有効、かつ面白い心理テストです。

うつ病って何だろう？

※シナリオはP120〜121をご参照ください

① うつ病って何だろう？

② ショックを受けると落ち込む
ただし、通常はだんだんと元に戻る

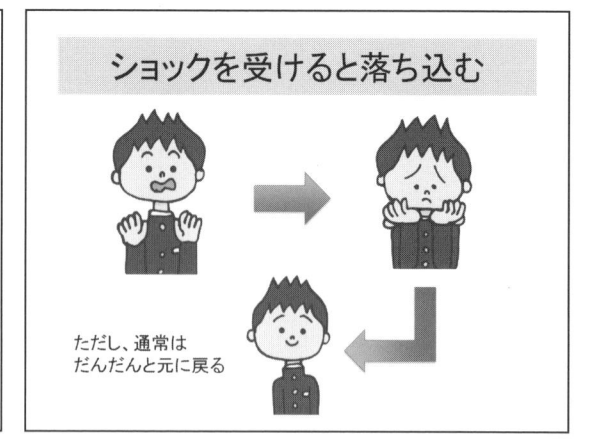

③ しかし落ち込みが続くと…
うつ病の引き金を引くことがある

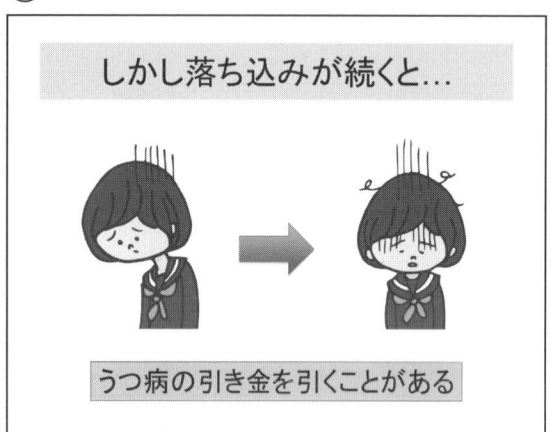

④ どういうショックがある？
大切な人との死別／失恋／挫折／病気

⑤ ストレスとは？
ゴムボールで例えると…
ストレスのない状態／ストレスのかかった状態
人間関係／勉強や部活の忙しさ／不安

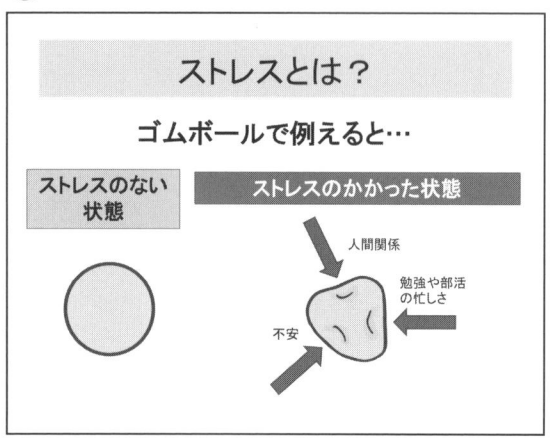

⑥ 伸び過ぎた輪ゴム
通常の輪ゴム／伸び過ぎた輪ゴム

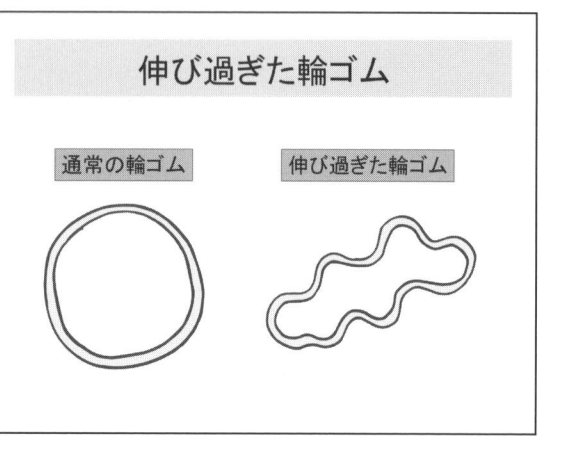

⑦ **限界を越える…**

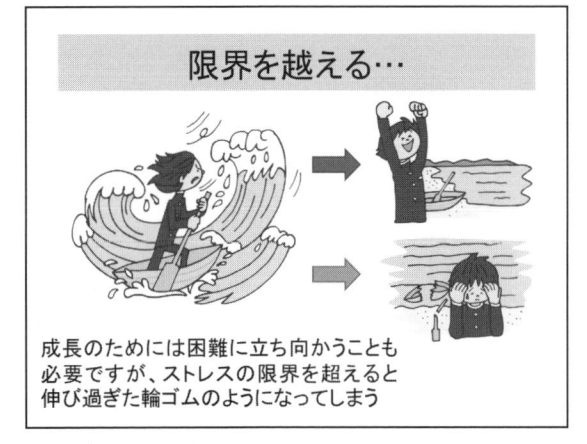

成長のためには困難に立ち向かうことも必要ですが、ストレスの限界を超えると伸び過ぎた輪ゴムのようになってしまう

⑧ **伸び切ってしまう前に**

心も輪ゴムと同じように、ストレスで伸び切る前にほっとさせてあげることが大切

⑨ **SOSを出せる力**

心が疲れ果ててしまう前にSOSを出そう！

⑩ **周りの人ができること**

一声かけてあげる　　少しずつ重荷を取りのぞく

⑪ **うつ病チェック**

- 何をやってもむなしい（もしくはイライラする）
- 以前は楽しめていたことが楽しめなくなった
- 1か月で5％以上体重の増減があった（もしくは、身長は伸びているのに体重が増えない）
- 眠れない。または眠り過ぎる
- 行動が遅くなった
- 疲れを感じる
- 気力がわかない
- 自分には価値がなく、生きていて申し訳ないと思う
- 集中力がなくなった
- 死について考えたり、口にしたりする

⑫ **ちょうどいいがんばりで**

うつ病って何だろう？
〜シナリオ〜

① 最近は「うつ病は心のかぜ」といわれるほど、うつ状態に陥る人が増えてきています。うつ病はさまざまな原因が考えられますが、精神的ストレスが一番大きいといわれる病気です。そこで今日は、精神的ストレスがきっかけで起こるうつ病について学びましょう。

② 試験で悪い点を取ったり、友達とけんかをしたり、家族が病気になったり、ショックなことがあると落ち込むものですが、これは誰にでもあることで普通の反応です。心も、転びそうになったり、倒れたりします。でも、こうした落ち込みもずっと続くものではなく、だんだんと元通り元気になるものです。

③ しかし、こうした落ち込みが強く、長く続いたり、深くなって抜け出せなくなると、うつ病の引き金を引くことがあります。

④ ずっと落ち込みが続くようなショックには、次のようなものがあります。
大切な人やペットとの死別や離別。人間関係の悩み。学業や仕事の失敗、挫折。失恋、病気、事故、引っ越し、急激な生活環境の変化。惨事に巻き込まれるなど。こうした大きなショックはストレスとなります。

⑤ では、ストレスとは一体なんでしょうか？ ストレスは圧力や圧迫を意味する言葉です。ゴムボールに指で圧力をかけるとさまざまな形に変形しますが、心がそのような状態にあることを「ストレス状態」といいます。ストレス状態にあるということは、心に何かの圧力がかかっているということなのです。

⑥ 輪ゴムは伸ばしても、すぐ元の形に戻りますね。でもずっと伸ばしていると、元の形に戻らなくなる可能性があります。うつ病はこれと似ていて、心がストレスにさらされ過ぎて、伸び過ぎた輪ゴムのようになってしまう状態です。どうして、このような状態になるのでしょうか？

⑦ 人にはそれぞれ限界があります。しかし、成長するためには、困難に立ち向かうことが必要です。その挑戦がうまくいけば、大きく成長できます。しかし、その人の心が抱えられるストレスの限界を超えて、それが長く続いてしまうと、心が疲れ過ぎて、伸び過ぎた輪ゴムのようになってしまうのです。

⑧ 輪ゴムが元に戻るようにするためにはどうしたらよいのでしょうか？ そう。伸び切ってしまう前に、ストレスなどを取り除いてあげることが必要です。心も輪ゴムと同じように、伸びて疲れ切ってしまう前に、気分転換などをしてほっとさせてあげることが大切です。

⎕ 一般的な学校を想定して作っていますので、
各学校の状況に応じて変更してお使いください

⑨ うつ病になりやすい人には、「まじめ」な人が多いといわれていますが、誰もがかかる可能性があります。責任感から、大変なときでも「大変」といえず、誰かに助けを求めずに、一人でがんばり続けてしまうような環境にあるとかかってしまうのです。心が疲れ果ててしまっては、誰かにSOSを出すこともできなくなってしまいます。気分転換をしたり、周りの人にSOSを出せる力をつけることも大切です。

⑩ 周りの人には何ができるのでしょうか？ 皆さんの周りに、一人でがんばって思い詰めているような友達はいませんか？ そういうときには、「大丈夫？」「何か手伝おうか？」などと一声かけてあげてほしいのです。がんばり屋さんは「大丈夫？」と聞かれれば、「大丈夫」といってしまうものですが、そこで声をかけるのをやめないで、友達がいつもより元気が無いときは、ずっと気にかけてあげてください。
　それで、「自分の力ではどうしようもない」と思ったときには、全部自分だけで支えなくていいので、家の人や先生や先輩など、手助けしてくれそうな人につなげてあげてください。みんなで少しずつ心の荷物を持ってあげると、本人が楽になります。

⑪ それではここでうつ病チェックをしてみましょう。
・何をやってもむなしい（もしくはイライラする）。
・以前は楽しめていたことが楽しめなくなった。
・１か月で５％以上体重の増減があった（もしくは、身長は伸びているのに体重が増えない）。
・眠れない。または眠り過ぎる。
・行動が遅くなった。
・疲れを感じる。
・気力がわかない。
・自分には価値がなく、生きていて申し訳ないと思う。
・集中力がなくなった。
・死について考えたり、口にしたりする。
　これらの症状が５つ以上あり、それが２週間以上続いている場合、うつ病と診断される可能性が高くなります。
※参考：「大うつ病性障害の診断基準」（米国精神医学会の診断分類『DSM―Ⅳ―TR』）

⑫ 生きていればストレスは誰にでもあるものです。適度なストレスは成長のもとでもあり、ストレス無しには成長することはできません。これから大人になって社会人になれば、社会の中で、今とはまた違ったストレスを味わうことになるでしょう。適度なストレスは必要ですが、ストレスが大きすぎるときには、がんばり過ぎず、ときには助けを求めながら、ちょうどいい力を発揮できるようにしていきましょう。

「うつ病って何だろう？」ワークシート

＿＿年＿＿組　名前＿＿＿＿＿＿＿＿＿＿＿＿＿＿

1　当てはまるものに○をつけましょう。

①うつ病について考えることができましたか？

[　　　できた　　　だいたいできた　　　できなかった　　　]

②自分や友達がうつ病になるのを防ぐにはどうすればいいかを考えてみましょう。

[
　
　
　
　
]

2　□の中に当てはまる言葉を書きましょう。

①ショックがあると落ち込むのは誰にでもある普通の反応ですが、落ち込みが強く、□続くと、うつ病の引き金を引くことがあります。

②ゴムボールに指で圧力をかけるとへこみますが、このように心に圧力がかかっている状態を□状態といいます。

③人は心が抱えられる□の限界を超え、それが長く続いてしまうと、心が疲れ過ぎて伸びすぎた輪ゴムのようになってしまいます。

④適度な□は必要ですが、つらい時には誰かに□を出すことも、成長し続けていくために大切なことです。

3　感想や質問を書きましょう。

[
　
　
　
　
]

「うつ病って何だろう？」ワークシート解説

___ 年 ___ 組　名前 _____

1　当てはまるものに○をつけましょう。
　①うつ病について考えることができましたか？　　　　　　　　← 関心・意欲・態度
　　［　　できた　　　だいたいできた　　　できなかった　　］
　②自分や友達がうつ病になるのを防ぐにはどうすればいいかを考えてみま
　　しょう。　　　　　　　　　　　　　　　　　　　　　　　　← 思考・判断

［
　
　
　
　
］

2　　　　　　　　の中に当てはまる言葉を書きましょう。　　　← 知識・理解
　①ショックがあると落ち込むのは誰にでもある普通の反応ですが、落ち込み
　　が強く、 長く 続くと、うつ病の引き金を引くことがあります。
　②ゴムボールに指で圧力をかけるとへこみますが、このように心に圧力がか
　　かっている状態を ストレス 状態といいます。
　③人は心が抱えられる ストレス の限界を超え、それが長く続いてしま
　　うと、心が疲れ過ぎて伸びすぎた輪ゴムのようになってしまいます。
　④適度な ストレス は必要ですが、つらい時には誰かに SOS を
　　出すことも、成長し続けていくために大切なことです。

指導する際のポイント

「うつ病は心のかぜ」といわれ始めたころは、うつ病はまだ「特別な病気」でし
たが、今ではすっかり一般的になり、珍しくなくなりました。最近では、「新型
うつ病」といい、会社に出勤している間は元気が無くても、家に帰れば好きなこ
とをやって元気いっぱいという症状もあるそうです。ストレス社会といわれてい
ます。上手にストレス社会と付き合っていけるように自分をコントロールしなが
ら、お互いを気づかい合えるようにしていくことが大切です。

ストレスとストレスマネジメント

※シナリオはP126～127をご参照ください

① ストレスとストレスマネジメント

② 私たちはさまざまな刺激の中で生活している
- 光、音、温度、湿度など
- 地域、職場、家族、学校など
- 薬品、たばこ、アルコール
- 細菌、ダニ、花粉など

③ ときにマイナスの刺激にさらされる
- 強い日差し、蒸し暑さ、騒音など
- 転居、転校、家庭不和、親の失業、災害、友人とのトラブル
- 病気、薬物中毒
- 体調不良、花粉症による目のかゆみや鼻水

④ ホメオスタシス（生体恒常性）

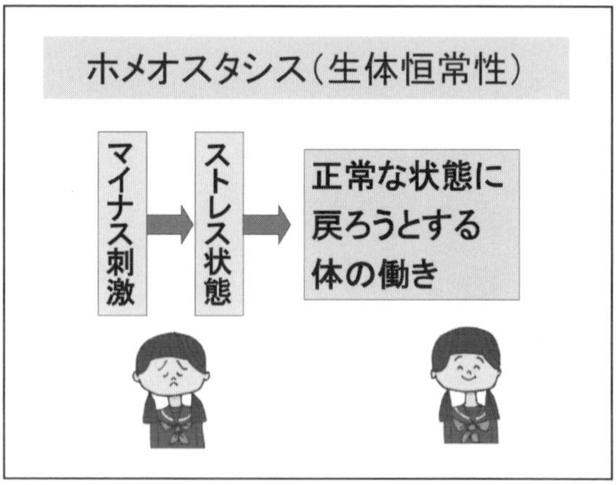

マイナス刺激 → ストレス状態 → 正常な状態に戻ろうとする体の働き

⑤ ストレスとは？

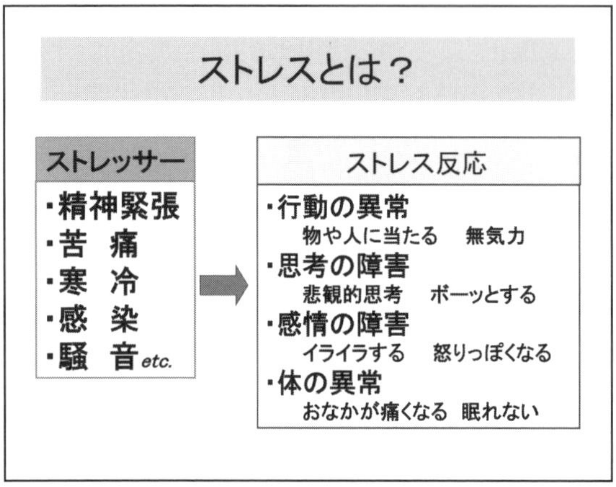

ストレッサー
- 精神緊張
- 苦痛
- 寒冷
- 感染
- 騒音 etc.

ストレス反応
- 行動の異常　物や人に当たる　無気力
- 思考の障害　悲観的思考　ボーッとする
- 感情の障害　イライラする　怒りっぽくなる
- 体の異常　おなかが痛くなる　眠れない

⑥ 防衛機制

欲求不満・ストレス状況にあって、無意識に「心の操作」を行うことで自我が傷つかないように守ろうとする仕組み

- 代償　すし→
- 補償　勉強→
- 昇華　性的欲求→
- 合理化　テスト失敗→

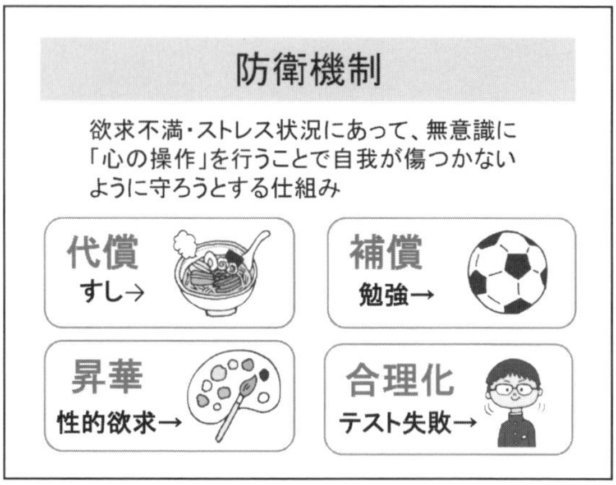

⑦ 防衛機制

常に防衛機制をとらなければいけない状況にいると、病的な不適応症状につながることも

抑圧　逃避　攻撃

暴力　不登校　自殺

⑧ ストレスと上手に付き合う ストレスマネジメント

欲求不満耐性

欲求不満・葛藤状況にあっても、不適応に陥ることなく、それに耐え、打ち勝っていく力

- ぐっと我慢し、状況が好転するまで待つ
- 問題解決法を調べる
- スパッと諦める
- つらい状況になっても、誰かを恨まない
- 人や物、自分に当たらない
- 率直に話してみる

⑨ ストレスと上手に付き合う ストレスマネジメント

コーピング

受動的に苦しむのではなく、状況に能動的に対処し、それを克服しようとする個人の努力

1. 実現可能な小さな目標を立てよう
2. どうすればできるかアイデアを出そう
3. できそうなものをやってみよう
4. 結果を見て、次の一歩を考えよう

⑩ ストレス解消リラックス法

①背もたれのあるいすにゆっくりもたれ、ゆったりした姿勢で座る。

②目を軽くつむる（無理はしなくてよい）。

③1～10まで自分のペースで数えながら、ゆっくり深呼吸する。
　1～3で吸って
　4で軽く止め
　5～10でゆっくり吐き出す

⑪ ストレス解消リラックス法

- 散歩・気晴らしをする
- 適度な運動をする
- 適度な飲食を楽しむ
- ゆっくり風呂につかる
- 休養を十分にとる
- 趣味を見つける
- 何でも話せる友達をつくる
- おしゃべりする
- よく眠る

⑫ ストレスをバネに成長しよう

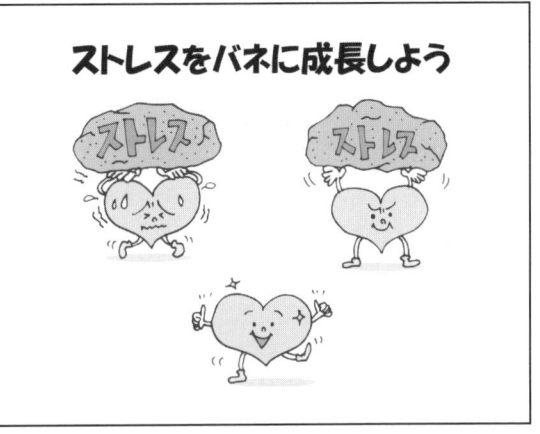

ストレスとストレスマネジメント
～シナリオ～

① 皆さんは「ストレス」という言葉からどんなことをイメージしますか？
今日はその「ストレス」とは何かを知り、対処法について学びましょう。

② 私たちはさまざまな状況の中で生活しています。生きていると周りからいろいろな刺激を受けます。どんな刺激があるかを考えてみましょう。
　光、音、温度、湿度など自然界から、地域、職場、家族、学校など社会から、薬品、たばこ、アルコールなど人間が作り出した物質などから、あるいは細菌、ダニ、花粉などほかの生物からもたくさんの刺激を受けています。

③ ときにマイナスの刺激にさらされてつらい思いをすることもあります。強い日差し、蒸し暑さ、騒音、転居、転校、家庭不和、親の失業、災害、友人とのトラブル、病気や薬物中毒、体調不良、花粉症による目のかゆみや鼻水など、たくさんあります。

④ 私たちは、しばしばマイナスの刺激によってストレス状態に陥ります。しかし、ストレスを受けて体調を崩しても、多少、心が不安定になっても、休めばたいてい健康な状態に回復します。この正常な状態に戻ろうとする体の働きをホメオスタシス（生体恒常性）といいます。しかし、苦痛が続いたり、欲求が満たされなかったりすると、ホメオスタシスが働きにくくなり、不安や怒り、落ち込みなどの心の変化を起こします。

⑤ 「ストレス」は、心理学では「ストレッサー」と「ストレス反応」に分けられます。「ストレッサー」とはその原因となる出来事や状況のことで、精神緊張、苦痛、寒冷、感染、騒音、などが例にあげられます。
　これらストレッサーによって「物や人に当たる」「ボーッとして何も考えられなくなる」「イライラする」「不安になる」「おなかが痛くなる」「眠れない」などといった心や体、行動の変化のことを「ストレス反応」といいます。

⑥ 私たちは、欲求不満、ストレス状況にあるとき、無意識に心の操作を行って、自我を守ろうとしています。こうした心の働きを、防衛機制といいます。
　例えば、おすしが食べたかったけれどお金がないのでラーメンにする「代償」や、勉強は苦手なのでスポーツでがんばる「補償」といったこと。また、性的な欲求をスポーツや芸術などに向ける「昇華」、テストができなかったのは、あのときかぜをひいて体調が悪かったからなどと自分を納得させる「合理化」などです。これらの防衛機制は、誰もが少なからず行っている正常な心理的作用です。

⑦ ただし、常に防衛機制をとらなければならない状況にいると、病的な不適応症状につながることもあります。欲求を無理に長期間抑え込む「抑圧」、失敗から身を守ろうとし積極的に問題の解決には向かおうとしない「逃避」、他人や物を傷つけたりして欲求

> 一般的な学校を想定して作っていますので、
> 各学校の状況に応じて変更してお使いください

不満を解消しようとする「攻撃」などは、いじめ、校内暴力、不登校、自殺などにつながることもあります。

⑧　ストレスと上手に付き合うことを、「ストレスマネジメント」といいます。
　欲求不満、ストレス状況にあっても、不適応に陥ることなく、それに耐え、打ち勝っていく力を「欲求不満耐性」といいます。欲求不満耐性を高めるには、ぐっと我慢し状況が好転するまで待つ、問題解決法を調べる、スパッと諦める、つらい状況になっても誰かを恨まない、人や物、自分に当たらない、率直に話してみるなどがありますが、心がけてもできないこともあります。

⑨　このようなつらい状況にただ苦しむのではなく、状況に自ら前向きに対処し、それを克服しようとする個人の努力を「コーピング」といいます。
　コープには「対処する」という意味があります。誰でも自分の悩みは大きく感じるもので、身動きがとれないような気持ちになるものです。そんなとき、一気にゴールを目指すとそれだけで疲れてしまいます。「これならできる」という実現可能な小さな目標を立て、どうすればそれができるかアイデアを出します。そしてできそうなことに挑戦します。そして結果を見て、また次の一歩を考える。こうして、小さな一歩を重ねていくことで、だんだんと解決策が見えてくることもあるのです。

⑩　ストレス解消に役立つ呼吸によるリラックス法を紹介します。
　１：背もたれのあるいすにゆっくりもたれ、ゆったりした姿勢で座る。
　２：目を軽くつむる（無理はしなくてよい）。
　３：１～10まで自分のペースで数えながら、ゆっくり深呼吸する。１～３で吸って、
　　４で軽く止め、５～10でゆっくり吐き出します。
　　息を吸ったときにおなかが膨らむ「腹式呼吸」で行いましょう（片手をおなかの上に置くとわかりやすい。可能であれば実際にやってみる）。

⑪　また、ほっと一息つけるような自分なりのストレス解消法を見つけておくことも大切です。散歩、気晴らし、適度な運動、趣味、ゆっくり風呂につかる、おしゃべりをするなど。あなたは何をしているときにほっとしますか？

⑫　生きていく中で、ストレスは必ずあるもので、適度なストレスは成長のもととも言えます。しかし、ストレスが大きすぎると疲れ果てて何もできなくなってしまうこともあります。自分のストレスが大きすぎると感じるときには、家族や友達、先生にSOSを出して、助けてもらいましょう。この助けを求める力も大切なのです。必要なときには周りの人に助けてもらいながら、自分に適度なストレスをかけて、少しずつ成長していきましょう。

「ストレスとストレスマネジメント」ワークシート

___年___組　名前_____

1　当てはまるものに○をつけましょう。

①ストレスマネジメントの重要性について考えることができましたか？

[　　　できた　　　だいたいできた　　　できなかった　　　]

②自分に合ったストレス解消法を３つ書いてみましょう。

2　☐の中に当てはまる言葉を書きましょう。

①私たちは、マイナスの刺激によって　　　　　　状態に陥りますが、心身に不調が起こっても体は　　　　　　という働きがあり、正常な状態に戻ろうとします。

②無意識に心の操作を行って自我を守ろうとする心の働きを　　　　　　といいます。

③つらい状況にただ耐えるのではなく、状況を前向きに対処しようとすることを　　　　　　といいます。

④ストレスと上手に付き合うことを　　　　　　といいます。

⑤ストレスが大きすぎると感じるときには、周りの人に　　　　　　を求める力も大切です。

3　感想や質問を書きましょう。

「ストレスとストレスマネジメント」ワークシート解説

　　　　年　　組　名前　　　　　　　　　　

1　当てはまるものに○をつけましょう。

　①ストレスマネジメントの重要性について考えることが
　　できましたか？　　　　　　　　　　　　　　　　← 関心・意欲・態度

　［　　できた　　　だいたいできた　　　できなかった　］

　②自分に合ったストレス解消法を３つ書いてみましょう。　← 思考・判断

2　□の中に当てはまる言葉を書きましょう。　← 知識・理解

　①私たちは、マイナスの刺激によって [ストレス] 状態に陥りますが、心身に不調が起こっても体は [ホメオスタシス] という働きがあり、正常な状態に戻ろうとします。

　②無意識に心の操作を行って自我を守ろうとする心の働きを [防衛機制] といいます。

　③つらい状況にただ耐えるのではなく、状況を前向きに対処しようとすることを [コーピング] といいます。

　④ストレスと上手に付き合うことを [ストレスマネジメント] といいます。

　⑤ストレスが大きすぎると感じるときには、周りの人に [SOS（助け）] を求める力も大切です。

指導する際のポイント

　相手から同じ行動をされたとしても（例：あいさつをしたのに、友達に無視された）、「自分が何か気に入らないことをしたのだ」とストレスに感じる人もあれば、「聞こえなかったのだろう」と気にしない人もいます。どのように認知するかが問題だということで、これを治療に生かしたものが「認知療法」と呼ばれます。日々の生活の中でいろいろなことが起こりますが、それをどのように自分に説明するかが、心の健康には重要なようです。

エゴグラムをやってみよう

以下の質問に、はい(○)、どちらともつかない(△)、いいえ(×)のように答えてください。ただし、できるだけ○か×で答えるようにしてください。
あまり深く考えずに直感も含めて答えましょう。

エゴグラムチェックリスト

CP
1	何事もきちっとしないと気が済まない方ですか
2	人が間違ったことをしたとき、なかなか許しませんか
3	自分を責任感の強い人間だと思いますか
4	自分の考えを譲らないで、最後まで押し通しますか
5	礼儀作法について、やかましいしつけを受けましたか
6	何事もやり始めたら最後までやらないと気が済みませんか
7	親から何か言われたら、その通りにしますか
8	「ダメじゃないか」「…しなくてはいけない」という言い方をよくしますか
9	時間やお金にルーズなことが嫌いですか
10	自分が親になったとき、子どもを厳しく育てる方ですか

NP
11	人から道を聞かれたら、親切に教えてあげますか
12	友だちや年下の子どもをほめることがよくありますか
13	人のお世話をするのが好きですか
14	人の悪いところよりも、いいところを見るようにしますか
15	がっかりしている人がいたら、なぐさめたり元気づけたりしますか
16	友だちに何か買ってあげることが好きですか
17	助けを求められると、引き受けますか
18	だれかが失敗したとき、責めないで許してあげますか
19	弟や妹、または年下の子どもをかわいがる方ですか
20	食べ物や着る物のない人がいたら、助けてあげますか

A
21	いろいろな本をよく読む方ですか
22	何かうまくいかなくても、あまりカッとなりませんか
23	何かを決めるとき、いろいろな人の意見を聞いて参考にしますか
24	初めてのことをする場合、よく調べますか
25	何かする場合、自分にとって損か得かよく考えますか
26	何かわからないことがあると、人に聞いたり、相談したりしますか
27	体の調子が悪いとき、無理をしないように気をつけますか
28	人と冷静に話し合うことができますか
29	勉強や仕事をてきぱきと片づけていく方ですか
30	迷信や占いなどは、絶対に信じない方ですか

FC
31	おしゃれが好きですか
32	みんなと騒いだり、はしゃいだりすることが好きですか
33	「わあ」「すごい」などの感嘆詞をよく使いますか
34	言いたいことを遠慮なく言えますか
35	うれしいときや悲しいときに、表情や動作で自由に表すことができますか
36	欲しい物は手に入れないと気が済まない方ですか
37	異性の友だちに自由に話しかけることができますか
38	人に冗談を言ったり、からかったりすることが好きですか
39	絵を描いたり、歌ったりすることが好きですか
40	嫌なことをはっきり嫌いと言いますか

AC
41	人の顔色を見て行動を取るようなくせがありますか
42	嫌だと言えずに、抑えてしまうことが多いですか
43	劣等感が強い方ですか
44	何か頼まれると、すぐにやらないで引き延ばすくせがありますか
45	いつも無理してでも人から良く思われようと努力しています方ですか
46	本当の自分の考えよりも、人の言うことに影響されやすい方ですか
47	憂うつな気持ちになることがよくありますか
48	遠慮がちで消極的な方ですか
49	親の機嫌を取るような面があります
50	内心では不満なのに、表面では満足しているように振る舞いますか

出典：岡本泰弘著、杉田峰康・春口徳雄監修『子どものためのエゴグラム・ロールレタリング実践法』（少年写真新聞社）

「自分を知ろう」ワークシート

___年 ___組　名前 _____

こんな場面に出会ったとしたら、あなたはどう思いますか？
思ったことや、つぶやいたことを書いてみましょう。

①廊下でボール遊びをしていてガラスを割ってしまった人がいます。

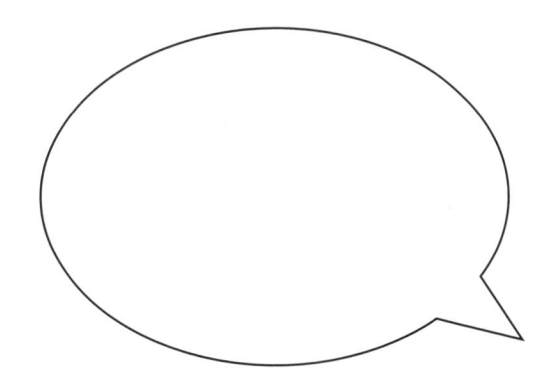

②遅刻しそうで慌てている人がいます。

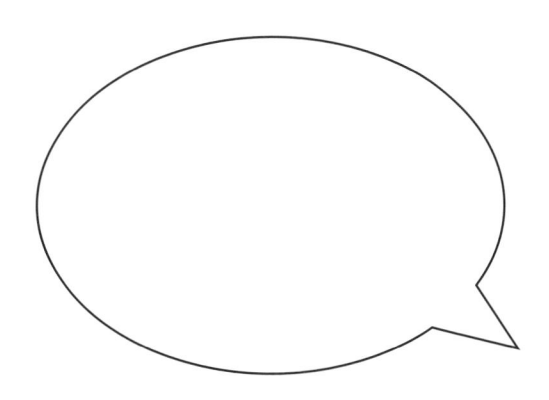

③合唱祭の練習で歌わない人がいます。

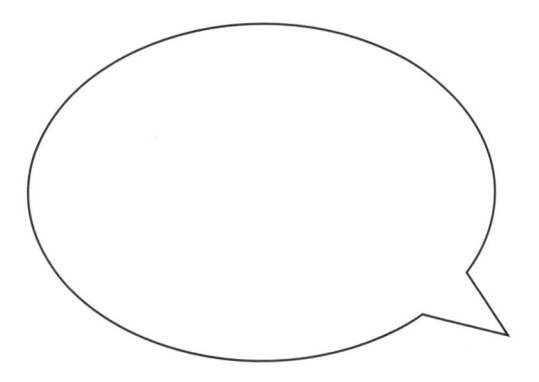

あなたのつぶやきは「5つの私」のどのタイプにあてはまりましたか？

おわりに

養護教諭として

　小さいときから将来は、看護婦さんか学校の先生になりたいと思っていた私が、漠然と2つの夢をかなえられるらしいとの思いだけで養護教諭の道に入れたことは、とても幸せなことだったと思います。

　当時は大学での養成も無く、複数校の兼務あり、トイレの消毒あり、予防接種の注射器や針の消毒ありで、今では考えられないような執務状況からのスタートであったにもかかわらず、いま本当に養護教諭をやってきてよかったと思えるのです。

健康教育の実践のための挑戦

　初任は、初めて養護教諭が配置された小学校でした。保健の研究指定校であったこともあり、保健主事も保健主任も熱心でいろいろ教えてくださいました。当時、保健室にやってくる子どもたちの様子から、歯みがきのこと衛生のことなど伝えたいことはいっぱいありましたが、日々の仕事に追われながら、なかなか保健指導まで着手できませんでした。時代がそうであったのだと思いますが、当時は、養護教諭が保健指導をするという発想は一般にはまだ無かったと思います。

子どもたちの問題とカウンセリング技術

　子育てのためにいったん退職し5年後、再就職した中学校で出会ったのは自分の中学時代とはまるで違う子どもたちでした。次々保健室にやってくる子どもたちからいろいろな問題をぶつけられ、どうすればそれらに応えてあげられるのか悩みました。何とかしようと、遠くまで、カウンセリングの勉強に2年間通いました。しかしカウンセリングは奥が深く、入り口を見つけただけの気分でした。

「私はあんな親にならない」と言っていたのに、自分と同じような境遇の相手を早々に見つけ、つかの間のぬくもりに身をおいて、親と同じような道をたどってしまうような子どもと関わりながら、子どもを育てる基礎は家庭にあると感じました。やがて家庭をつくり、子育てをするであろう子どもたちに、今の自分の性を大切にしてほしいと願い、性教育に力を入れようとしましたが、なかなか受け入れてもらえる時代では無く、思うようにはできませんでした。

子どもの学ぶ権利、生きる権利

「俺を殴ってでもちゃんとさせてくれればよかったのに」「中学じゃ遅いよ、小学校出るときに教えてくれれば」。そんな発言をしていた子どもたちの学ぶ権利、生きる権利を、社会はどう実現するのか。学校はどうすればいいのか、親はどうしているのか、教育とは違う視点で探ってみようと、仕事を続けながら通える法学部の夜間主コースに入学しました。学ぶことの多い充実した4年間でしたが、やはり養護教諭として子どものそばにいて一緒に考えていくのが一番よい方法だと思うことができました。

エイズ教育推進指定校といのちの教育
「つい最近まで私のおなかにいた子どもにごめんなさいの気持ちでいっぱいです」「私が通ってきた道で、もうすでに自分をキズつけてきたのだろうけど、10年後の私のために、もう1度1から頑張ります」。エイズ教育の研究指定を受け、学校全体でいのちの学習に取り組んだ中で、生徒たちが書いてくれた感想の中の一文です。子どもたちの目の輝きを目の当たりにして、子どもだけでなく、教員も学びました。資料が少ないことも、時間の確保が難しいことも、性交や医学的な内容の指導に対する不安も乗り越えて、ともに学び、やり抜いてよかったと思うことができました。

後輩へのバトン（この本を手にとってくださった皆様へ）
　本書のパワーポイント部分の原形は、ほとんどは現役時代につくったものに手を加えて大学生のための授業で使っていたものです。ですからこの本の制作のお話をいただいたとき、今までのものをまとめればよいのだからと高をくくっていました。しかし、いざ着手してみるとシナリオ部分の作成に苦労しました。シナリオは自分の言葉でそのときそのとき話してきていたので形に残っておらず、まして相手が直接見えない中学生、高校生ということなので、言葉選びに苦労しました。

　私は、子どもたちの反応を見ながら、その場で何度も言葉を言い換えたり、子どもの発言を拾ったりして授業を進めていたので、シナリオをあまり意識していませんでした。さらに写真やビデオを使ったり、ワークシートを使って作業させたり、先輩たちが書いてくれた作文やメッセージを使ったりもしていたのであまり多くを語らずに、子どもたちの興味関心を引いたり、感動の中で考えさせることができていたのだと思います。

　世の中には生きた教材がたくさんあります。しかしそれらをタイミングよく、どんなときにどんな物をどう使うか、忙しい学校現場ではその作業もままならない状況であることがわかっていますので、できるだけそれらを補う一助になればと取り組んでみました。しかし、本として発行するに当たり、著作権やプライバシー保護の関係で、大幅に指導の流れを変えなければならない部分も多々ありました。

　個人で学校の子どもたちのためであれば使える教材がたくさんあります。どうか皆さんの手でそれらをうまく活用してこのパワーポイントに組み込み、いのちの教育を広げ、子どもたちの生きる力を育んでいってください。本書が、皆さんの手で『おたすけパワーポイントブック』として成長していくことを願っております。

　最後になりましたが、少年写真新聞社の矢崎公一様はじめ関係者の皆様のご尽力に感謝申し上げます。

2013年7月　小谷美知子

イベントカレンダー

1年間の主な保健行事や学校行事などを記載しました。保健指導を行う際の参考資料としてお使いください。

月	保健行事・学校行事など	保健指導例	本書参考ページ
4月	入学式・始業式 健康診断 未成年者飲酒防止強化月間	よい睡眠をとろう 健康な体がすべての基本 なぜアルコールを飲んではいけないのか	睡眠の役割（P12～） 食生活とダイエット（P18～） なぜダメ？　アルコール・薬物（P38～）
5月	健康診断 世界禁煙デー 運動会（体育祭）	今からよい生活習慣を築こう 喫煙習慣によるデメリットを学ぼう そろそろ疲れが出る時期です（五月病）	生活習慣病とは？（P24～） タバコが体に及ぼす影響（P32～） うつ病って何だろう？（P118～）
6月	歯と口の健康週間 梅雨入り プール水泳	熱中症を予防しよう	知って防ぐ熱中症（P104～）
7月	梅雨明け 夏休み	スポーツ障害を予防しよう	よくあるスポーツ障害（P98～）
8月	夏休み 鼻の日	性感染症について今、学ぼう	さまざまな性感染症（P78～）
9月	運動会（体育祭） 救急の日 世界自殺予防デー	自分でできる応急手当 自分を知って生かすために ストレスに負けないために	応急手当の方法を知ろう（P92～） 自分を知ろう（P112～） ストレスとストレスマネジメント（P124～）
10月	目の愛護デー 薬と健康の週間 衣替え	薬物について学ぼう 断れる自分になろう	なぜダメ？　アルコール・薬物（P38～） コミュニケーションスキル（P44～）
11月	いい歯の日 性の健康週間	責任の持てる大人になろう	成熟する体（P52～） 生命の誕生（P58～） 性行動をどう考える？（P64～） さまざまな性感染症（P78～）
12月	冬休み 世界エイズデー	なぜエイズ感染が減らないのか かぜ・インフルエンザにかからないために	エイズって何？（P84～） 感染症予防のために（P72～）
1月	かぜ・インフルエンザ流行 受験	生活リズムを整えよう	生活習慣病とは？（P24～）
2月	世界対がんデー 全国生活習慣病予防月間		
3月	花粉症 耳の日 卒業式・終業式		

参考資料

「睡眠と健康について」新川厚生センター（富山県）保健予防課
　http://www.pref.toyama.jp/branches/1268/03-seikatsu/suimin.html
「眠りのしくみ－　レム睡眠とノンレム睡眠」　快眠寝具研究室
　http://www.natural-sleep.com/sn-sm-03rem_nonrem.html
『脳に効く「睡眠学」』　宮崎総一郎著　角川マガジンズ　2010年
「眠りの不思議」　秋田魁新報連載2009年1月26日より8月3日まで（毎週月曜日）。
「国民健康・栄養調査結果の概要」　厚生労働省
　http://www.mhlw.go.jp/stf/houdou/2r9852000002q1st.html
「ミキの食育BOX よむ！からだの魔法1　たんぱく質の役割」
　http://www.shokuikubox.com/manga/ex_1.html
「日本における喫煙とがん死亡についての相対リスクと人口寄与危険割合
　－3コホート併合解析研究（1983年～2003年）」
　独立行政法人国立がん研究センターがん対策情報センター　がん情報サービス
　http://ganjoho.jp/public/pre_scr/cause/smoking.html
「成人喫煙率　JT全国喫煙者率調査　厚生労働省の最新たばこ情報」
　http://www.health-net.or.jp/tobacco/product/pd090000.html
「かけがえのない自分、かけがえのない健康」【中学生用】文部科学省
　http://www.mext.go.jp/a_menu/kenko/hoken/08111804.htm
『生き方としての健康科学』　山崎喜比古・朝倉隆司編　有信堂高文社　2011年
『子どもたちのコミュニケーション能力を育むために　～「話し合う・創る・表現する」ワークショップへの取組～」コミュニケーション教育推進会議審議経過報告　平成23年8月29日
　http://mext.go.jp/b_menu/houdou/23/08/1310607.htm
「花王ロリエ　からだの情報　02 勃起と射精」
　http://www.kao.co.jp/laurier/health/013/000.html
「NHKスペシャル『驚異の小宇宙　人体』生命誕生」1989年6月10日放送
『生まれる　胎児成長の記録』　レナート・ニルソン著　松山栄吉訳　講談社　1984年
『小児科診療』Vol.71 No.8「特集　性感染症」　診断と治療社　2008年
「国立感染症研究所感染症発生動向調査」　国立感染症研究所　感染症発生動向調査
　http://idsc.nih.go.jp/idwr/
「最新図解 救命応急手当の手引き」　日本救急医学会編著　厚生省健康政策局指導課監修　小学館　1995年
『救急蘇生法の指針2010（市民用・解説編）』　日本救急医療財団心肺蘇生法委員会監修　へるす出版　2011年
『発育期のスポーツ障害(小児のメディカル・ケア・シリーズ)』　高沢晴夫・中嶋寛之・秋本毅著　医歯薬出版　1990年
「熱中症関連情報」　厚生労働省
　http://www.mhlw.go.jp/seisakunitsuite/bunya/kenkou_iryou/kenkou/nettyuu/index.html
『教育カウンセラー標準テキスト　中級編』　日本教育カウンセラー協会編　図書文化　2004年
『いま、こころの育ちが危ない』　吉川武彦著　毎日新聞社　1998年
薬物乱用防止読本『薬物乱用は「ダメ。ゼッタイ。」』　厚生労働省
『スポーツ障害』　奥脇透著　少年写真新聞社　2012年
『知って防ごう熱中症』　田中英登著　少年写真新聞社　2008年
「学校において予防すべき感染症の解説」　文部科学省
　http://www.mext.go.jp/a_menu/kenko/hoken/1334054.htm
『知っておきたい性感染症mini講座　愛され女子の「感染しない」宣言』　厚生労働省
　http://www.mhlw.go.jp/seisakunitsuite/bunya/kenkou_iryou/kenkou/kekkaku-kansenshou/seikansenshou/dl/leaf02.pdf
『知っておきたい性感染症mini講座　モテキにこそ「予防する」オトコ』　厚生労働省
　http://www.mhlw.go.jp/seisakunitsuite/bunya/kenkou_iryou/kenkou/kekkaku-kansenshou/seikansenshou/dl/leaf01.pdf

著者紹介

小谷 美知子（こたに みちこ）
元・聖徳大学 心理・福祉学部 社会福祉学科 准教授

昭和43年に千葉県立養護専門学院を卒業し、千葉県公立学校養護教諭として勤務。千葉県立養護専門学院にて教務事務兼、「養護教諭の職務」授業担当。その後いったん退職し、5年間子育てに専念、昭和55年から再び千葉県公立学校養護教諭として勤務。その間、子どもたちが持ち込んでくるさまざまな問題に応えようとカウンセリングアカデミーに2年間通学。また、昼夜開講の清和大学法律学部へ入学し働きながら学べる夜間主コースで4年の過程を学び卒業。養護教諭としての後半は、いのちの教育の実践に努めた。定年退職後、聖徳大学教員として、「養護概説」「学校救急看護」「健康科学」「養護実習事前事後指導」を担当し養護教諭養成に携わった。

保健指導おたすけパワーポイントブック《中学校・高校編》
～書きかえも自由自在～

2013年7月25日　初版第1刷発行
2021年4月6日　初版第5刷発行
著　者　小谷美知子
発行人　松本　恒
発行所　株式会社 少年写真新聞社
　　　　〒102-8232　東京都千代田区九段南4-7-16市ヶ谷KTビルI
　　　　Tel（03）3264-2624　Fax（03）5276-7785
　　　　https://www.schoolpress.co.jp
印刷所　大日本印刷株式会社
©Michiko Kotani 2013 Printed in Japan
ISBN 978-4-87981-475-3　C3037

本書を無断で複写・複製・転載・デジタルデータ化することを禁じます。
乱丁・落丁本はお取り替えいたします。定価はカバーに表示してあります。

スタッフ　編集：矢崎公一　DTP：金子恵美　校正：石井理抄子　装丁：中村光宏　イラスト：池田蔵人　／編集長：東由香